Topos plus **Taschenbücher**
Band 309

Anton Rotzetter

Klara und Franziskus

Bilder einer Freundschaft

Zeichnungen von Gabriela Sieber-Trüeb

Topos plus Taschenbücher

Topos plus Verlagsgemeinschaft

Die Mitglieder der Verlagsgruppe Engagement
Butzon & Bercker -Kevelaer | Don Bosco -München | Echter -Würzburg
Lahn-Verlag -Limburg | Matthias-Grünewald-Verlag -Main
Paulusverlag -Freiburg Schweiz | Friedrich Pustet -Regensburg
Styria -Graz Wien Köln | Tyrolia -Innsbruck Wien

Die Deutsche Bibliothek - CIP-Einheitsaufnahme

Rotzetter, Anton:
Klara und Franziskus : Bilder einer Freundschaft / Anton Rotzetter.
Zeichn. von Gabriela Sieber-Trüeb. - 2. Aufl. - Freiburg, Schweiz :
Paulus-Verl., 1999
(Topos plus Taschenbücher ; Bd. 309)
ISBN 3-7228-0472-8 (Paulus-Verl.)
ISBN 3-7867-8309-8 (Topos plus)

2. Auflage

Einband- und Reihengestaltung
home.made designarbeit -Essen
Herstellung: Pustet, Regensburg
Printed in Germany

Topos plus – Bestellnummer: 3-7867-8309-8

Inhalt

Einführung 7

Was die Sehnsucht vermag 29
Zurück zur Quelle! 34
Rosen mitten im Winter 41
Gott und die menschliche Liebe 49
Klara als Seelenführerin 57
Feuer und Flamme! 66
Der Ort, an dem Gott erfahren wird 75
Das Gesicht im Brunnen 81
Klara im Garten der Schöpfung 89
Klara liebkost den toten Franziskus 95
Der Magnet der Liebe 100
Könnte es auch mir gelingen? 102
Hochgebet Klara von Assisi 104
Gebet um Erneuerung der franziskanischen Berufung 107

Quellen und Literatur 111

Einführung

Wo immer Freundschaft gelingt, ist sie etwas Göttliches! Dies möchte dieses Buch bezeugen und erzählen, indem es sich in die Freundschaft einfühlt, die sich zwischen Franz und Klara von Assisi abgespielt hat.

Franz und Klara

Franz von Assisi (1182–1226) ist bis heute unvergessen. Eben hat ihn das »Time Magazine« zusammen mit Johannes Gutenberg, Christoph Kolumbus, Michelangelo, Martin Luther, Galileo Galilei, William Shakespeare, Thomas Jefferson, Wolfgang Amadeus Mozart und Albert Einstein zu den zehn größten Persönlichkeiten des zu Ende gehenden Jahrtausends erklärt. Wenn man die Bücher zählt, die über Franziskus bis heute jedes Jahr geschrieben werden, dann besteht kein Zweifel, daß Franziskus sich wie kaum ein anderer, vielleicht sogar mehr noch als die anderen, deren Namen eben gefallen sind, ins Gedächtnis der Menschheit eingenistet hat. Mit seiner bedingungslosen Solidarität mit den Armen, mit seiner universal ausgerichteten Geschwisterlichkeit, mit seiner Liebe zum Tier und zur Natur, mit seiner radikalen Verwurzelung in Gott, mit seiner unbedingten Nachfolge Jesu, mit seinem Festhalten an der Kirche kann er niemanden unberührt lassen. Er ist eine Provokation für Kirche und Gesellschaft geblieben. Darum werden viele dankbar sein, daß die heute grundlegende Biographie über Franziskus nun in einer handlichen Taschenbuchausgabe vorliegt: R. Manselli, Der solidarische Bruder (Verlag Herder).

Weniger bekannt ist Klara von Assisi (1194 bis 1253), über die ich eben eine viele Seiten starke Biographie geschrieben habe: Klara von Assisi: Die erste franziskanische Frau (Herder). Dabei bin ich zur gleichen Überzeugung gelangt wie der berühmte Forscher Paul Sabatier (1858 bis 1928), der einmal schrieb: »Die Gestalt Klaras ist nicht lediglich eine Reproduktion des Franziskus, des Gründers des Ordens. Ihre Persönlichkeit konnte man andererseits auch entdecken, indem man sich nicht ausschließlich auf die offizielle Biographie stützte. Sie erscheint als eine der edelsten Frauen, die in der Geschichtsschreibung vorkommen. Man hat den Eindruck, daß sie aus Demut hinter den Kulissen blieb. Aber auch andere haben für sie nicht den richtigen Blick, vielleicht wegen unnützer Vorsicht oder sogar wegen der Rivalität zwischen den verschiedenen franziskanischen Gründungen. Ohne solche Zurückhaltung würde man Klara unter den größten Frauengestalten der Geschichte finden« (zit. in A. Goffin).

Historische Freundschaft

Zwischen Franz und Klara besteht nun eine große Freundschaft, wie sowohl die Geschichte als auch die Legende festhält. Was die Geschichte betrifft, muß gesagt werden, daß die historischen Dokumente darüber nicht gerade viel hergeben. Kein einziger Brief von den vielen, welche sich Franziskus und Klara geschrieben haben, ist erhalten geblieben. Doch dürfen wir nicht davon ausgehen, daß sie mutwillig beiseite geschafft wurden. Weder Franz noch Klara gehörten zu denen, welche Schriftliches aufzubewahren pflegten.

Aus den Schriften des heiligen Franz kann kein einziger Hinweis auf eine besondere Beziehung zu Klara herausgehoben werden. Die Freundschaft kommt darin nur indirekt zum Ausdruck. Etwa in der Lebensform, die er für sie schrieb und in der er die Schwestern zu Vollmitgliedern seiner Gemeinschaft erklärt: »als ob sie Brüder wären«, will er ihnen begegnen. Darum verspricht er ihnen »liebevolle Sorge und besondere Aufmerksamkeit«, wie es in familiären Beziehungen eigentlich selbstverständlich ist. Das Testament, das Franziskus für die Schwestern schreibt, spricht von »meinen Herrinnen« und drückt die Sorge aus, daß die Schwestern die absolute Armut verlassen könnten. Ein drittes Zeugnis setzt schon eher eine innige Beziehung voraus. Denn es wählt die Verkleinerungsform, um die Schwestern anzureden: »poverelle«! Das wäre etwa zu übersetzen mit: arme Schwesterchen. Seit jeher spricht aus den Verkleinerungsformen Zärtlichkeit und Zuwendung. Aber – nochmals! – eben nicht bloß für Klara, sondern für alle, die mit Klara zusammenleben. Schließlich darf auch noch der Sonnengesang erwähnt werden, der in San Damiano entstanden ist. Wenn man etwas von der Heftigkeit weiß, mit der Franziskus geschüttelt wurde, als »die Frau« für ihn für eine bestimmte Zeit wieder zur Gefahr wurde, die man meiden muß, dann ist der Sonnengesang besonders beredt. Dann ist er ein Ausdruck wiedergewonnener Heiterkeit und Geschwisterlichkeit, neuentdeckter Freiheit und geschenkter Versöhnung zwischen Mann und Frau. Denn das ist ja das besonders Auffallende an diesem großartigen Gesang der Schöpfung: daß er konsequent die männlichen und weiblichen Elemente miteinander versöhnt.

Doch noch einmal: Alle vier Zeugnisse des heiligen Franz beginnen erst von Freundschaft zu reden, wenn man von anderswoher von dieser Freundschaft weiß.

Bei Klara ist es anders. Sie spricht ausdrücklich von Franziskus: in ihren Briefen, im Testament, in der Regel, im Segen, überall. Sie versteckt ihre Beziehung zu ihm, ihrem Freund, nicht dadurch, daß sie besonders lieb von den Brüdern spricht. Sie nennt ihn vielmehr nahezu aufdringlich oft mit Namen; sie beschreibt die Bedeutung, die Franziskus für sie hat: Er ist ihr Gärtner, Gründer, Vater, Trost, Säule, Stütze . . . Er wird für sie zum Argument, zur Begründung, zur Waffe, um ihren Kampf gegen den Franziskanerorden und gegen die Kirche zu kämpfen. Doch ist Franziskus mehr als ein Instrument in ihrer Hand, er hat ein Gesicht, er ist ihr Freund, dem sie über die Jahre hinaus verbunden bleibt. In der Art und Weise, wie sie schreibt, wird das Lied der Freundschaft für jeden hörbar, der offen genug dafür ist. Klara träumt auch oft von Franziskus. Und sie erzählt ihre Träume weiter, hat keine Angst vor Mißverständnissen und Mißdeutungen, denen diese Träume ausgesetzt sein könnten.

Ein Traum ist so bedeutungsvoll, daß er mehrfach im Heiligsprechungsprozeß bezeugt ist. Schwester Filippa, eine Mitschwester, hört aus Klaras Mund: »Ich hatte einmal einen Traum, in dem ich ein Gefäß mit warmem Wasser und ein Handtuch zum Trocknen der Hände zum heiligen Franziskus brachte. Ich stieg eine hohe Treppe hinauf, aber ich konnte so leicht gehen, als ob ich auf ebener Erde geradeaus gegangen wäre. Beim heiligen Franziskus angekommen, berührte dieser eine Brustwarze an seiner Brust und sagte zu mir: ›Komm, nimm und sauge!‹ Als ich dann gesaugt hatte, redete mir Franziskus zu, ich dürfte noch einmal saugen. Was ich aus der Brust sog, war so süß und köstlich, daß ich es auf keine Weise beschreiben könnte. Nachdem ich gesaugt hatte, blieb jene Rundung, d. h. die Öffnung der Brust, woraus die Milch floß, zwischen meinen Lippen hängen. Als ich es mit den Händen anfaßte, schien es mir, als wäre es klares und leuchtendes Gold, so daß ich mich ganz darin sehen konnte, gleichsam wie in einem

Spiegel« (Heiligsprechungsprozeß 3,29; bestätigt durch 6,13 und 7,10).

Wohlverstanden: Schwester Filippa erzählt diesen Traum unter Eid vor dem hohen Gericht, das über die Heiligkeit Klaras zu befinden hat. Die gleiche Geschichte wird von den Schwestern Caecilia und Balvina unter den gleichen Bedingungen wiederholt. Auch sie haben keine Hemmungen beim Erzählen und keine Angst, der Traum könnte der Heiligsprechung Klaras abträglich sein. Im Gegenteil: sie zählen den Traum zu den Wundern, die die Heiligkeit bezeugen; sie sehen in diesem Traum die außerordentliche Fähigkeit Klaras, Zukünftiges vorherzusagen.

Ganz anders muß diesen Traum schon Thomas von Celano aufgefaßt haben, der ihn deswegen aus der Lebensbeschreibung, die er über Klara verfaßt, verbannt. Er muß in seinen Ohren obszön geklungen und eine sexuell-erotische Bedeutung gehabt haben. Ganz ähnlich wirkte dieser Traum noch vor wenigen Jahren auf den deutschen Teil einer Zeitschriftenredaktion, der nichts von einem Abdruck dieses Textes wissen wollte.

Aber auch die wissenschaftliche Auseinandersetzung bewegte sich auf diesem Geleise. Man benützte die psychoanalytische Methode Sigmund Freuds, um den Traum zu deuten. Verständlich, daß man überall sexuelle Symbole entdeckte: Man sprach von »Orgasmus«, von »oraler Phase«, von »erotischer Vereinnahmung und sexueller Vereinigung« . . .

Demgegenüber habe ich, wie ich hoffe, in einer längeren Studie den Nachweis erbringen können, daß der Traum sich nicht auf Zurückliegendes, sondern auf Zukünftiges bezieht. Es handelt sich also nicht in erster Linie um Material, das lebensgeschichtliche Erfahrungen aufbewahrt. Darum ist die analytische Methode Freuds, welche solche Erfahrungen analysiert und ins Bewußtsein hebt, kein angemessenes Instrument, um Klaras Traum zu verstehen. Die verwendeten Symbole stammen vielmehr aus der Mystik, aus der Bilderwelt der Vision: Gold, Süßigkeit, Honig, Milch, Brustgeben, Leiter und viele andere Elemente des Traums deuten auf eine Sterbevision hin.

Unter diesen Voraussetzungen erahnt Klara in diesem Traum ihren Tod: Franziskus, mit dem sie ein Leben lang freundschaftlich und innig verbunden war, steht oben an der Leiter, welche den Himmel mit der Erde verbindet und die Klara nun benützt. Ihr Sterben wird – dies entnimmt sie dem Traum – leicht sein, ohne Angst und Enge: Franziskus wird sie begrüßen und ihr auch gleich die Köstlichkeit des Himmels und die endgültige Selbsterkenntnis vermitteln.

Werden und Wachsen der Freundschaft

Nun muß man sich allerdings fragen, wie es zu dieser Freundschaft kam. Dies um so mehr, als darüber auch Vorstellungen bestehen, die in keiner Weise den historischen Gegebenheiten entsprechen. In Romanen und unkundigen Franziskusbüchern wird immer wieder eine Romanze erzählt, die beide vor ihrem religiösen Weg miteinander verbunden hätte – ähnlich derjenigen, die zwischen Abälard und Heloise bestand und die ja so tragisch endete.

Eine solche Romanze, so schön sie an sich wäre, ist historisch unmöglich. Man bedenke, daß Klara vierjährig war (und Franziskus sechzehn!), als ihre Familie Assisi verlassen mußte. Und wie sie als Elfjährige zurückkam (1205), war Franziskus bereits entschieden auf dem Weg zu seiner religiösen Berufung. Bald darauf zog sich Klara in eine Art Klause innerhalb des Elternhauses zurück, wo sie so sehr ihre eigene religiöse Berufung lebte, daß nochmals keine Möglichkeit für eine Romanze besteht.

Hinzu kommt, daß wir aus dem Heiligsprechungsprozeß wissen, daß Franziskus die Initiative für die Begegnung mit Klara ergreift. Als er von dem religiösen Format Klaras hört, will er sie für seine Gemeinschaft gewinnen. Daraufhin kommt es zu mehreren Gesprächen, die dann dazu führen, daß Klara Franziskanerin wird.

In diesen Gesprächen erst wird die Grundlage gelegt für eine dauernde geistliche Freundschaft, die sich in wiederholten Begegnungen in San Damiano und in leider verlorengegangenen Briefen ausdrückt.

Leider berichten uns die Quellen nicht sehr viel über die Art und Weise, wie Franziskus und Klara miteinander umgegangen sind, auch nicht sehr viel über die Themen, die sie miteinander besprochen haben. Aber daß sie voneinander fasziniert waren und daß diese Faszination über Tage und Wochen andauerte, ist gewiß (eine Geschichte in diesem Buch, die vielleicht sogar historisch ist, erzählt ja davon).

Diese Freundschaft ist nicht einfach einseitig, sondern ein Hin und Her zwischen den beiden Menschen. Beide entdecken auf den Lippen und im Herzen ihres Gegenübers den Willen Gottes. Sie hört Franziskus »vom guten Jesus« sprechen und lebt sich immer mehr in die gleichen Bibeltexte hinein wie Franziskus: Markus 10, wo vom »Einen Notwendigen« die Rede ist, von dem sie später immer wieder sprechen wird: von der bedingungslosen Solidarität mit den Armen, vom Leben unter den gleichen Bedingungen wie die Bettler; und Matthäus 10, dem Kapitel, in dem die Jünger ausgesandt werden, um Frieden und Gerechtigkeit, die Nähe Gottes in den menschlichen Bedingungen zu verkünden. Wenn sie auch diesen zweiten Text nicht so, wie sie es wohl gerne möchte, Fleisch und Blut werden lassen kann, wird sie doch Franziskanerin, die mit Franziskus die Lebensform gemeinsam hat. Und umgekehrt: Franziskus sucht den Rat und das Gespräch mit Klara, um seinen Weg klarer zu sehen, wie eine Geschichte in diesem Buch festhält.

Die Freundschaft kennt nun aber auch eine schwerwiegende Krise. Verursacht ist sie vor allem durch die Maßnahmen Kardinal Hugolins, der 1218/19 – und das, als Franziskus im Heiligen Land war! – San Damiano und die heilige

Klara zum Zentrum eines neuen monastischen Ordens machte, etwas, was Franziskus nicht wollte. Er wollte nur ein franziskanisch orientiertes San Damiano, aber keinen großen monastisch ausgerichteten Ordensverband. Klara hingegen wirkte mit Hugolin zusammen, vielleicht hat sie ihn sogar mehr benützt als er sie, um ihre eigenen Ziele zu verfolgen. Auf jeden Fall hat sie vor der Maßnahme Hugolins selbst schon die Initiative ergriffen, um anderen Klöstern beim Aufbau und der geistlichen Prägung zu helfen.

Franziskus dagegen sieht sich plötzlich vor einer großen Lawine, die ihn zu überschwemmen drohte: so viele Frauen! Und so zieht er sich zurück, meidet den Umgang mit Klara und ihren Schwestern. Es braucht Brüder, die ihn überzeugen, doch wieder nach San Damiano zu gehen. Und dann geht er und vollzieht seine berühmte Aschermittwochzeremonie: zieht einen Kreis mit Asche auf dem Boden, legt sich hinein, schreit sein Miserere (Erbarme dich) und geht wieder, ohne auch nur ein einziges Wort gesprochen zu haben. Die Schwestern bleiben heulend zurück. Viele harte Worte fallen in dieser Zeit: Der Teufel hätte Schwestern gegeben; Frauen seien »ein honigsüßes Gift«, nur charakterfeste Männer dürften mit ihnen Kontakt haben (der Bruder Stephan, der einen solchen Kontakt hatte, muß sich zur Strafe nackt im Schnee wälzen!); er kenne nur zwei Frauen von Angesicht zu Angesicht: Klara und Jakoba de Settesole, eine noble Dame aus Rom, deren Überreste heute beim Grab des heiligen Franz ruhen (und vergißt die dritte, mit der er ebenfalls freundschaftliche Beziehungen hatte: Praxedis von Rom, die er zu einem Büßerinnenleben bewegte), und viele andere befremdende Worte mehr. Bezeichnend ist auch, daß er in diesen Jahren Klara »Christiana« nennt, »Christin«, eine Frau, die wie kaum ein anderer Mensch das Christsein verkörpert. So positiv das klingt, psychologisch gesehen ist damit eine Distanzierung mitgegeben, die es zu beachten gilt: Die Frau, die Klara ist, tritt in den Hintergrund, im Vordergrund steht das Christsein, das sie modellhaft darstellt. In dieser Zeit sind wohl auch jene »Versuchungen des Fleisches« anzusiedeln, von denen die Quellen berichten: das Wälzen in den Dornen, das Gestalten der Schneefamilie . . . Auch Franziskus erlebt sich als Mann und sieht durch das Mannsein, durch die heraufdrängende Sexualität seine religiöse Berufung bedroht. So ist es nur natürlich, daß er zu Klara in eine gewisse Distanz geht und sie nur selten besucht.

Erst von 1224 an, als die Krankheit des heiligen Franziskus schwerwiegendere Formen annahm, kam es zur Versöhnung. Er läßt sich sogar in San Damiano nieder, wohl in der Hoffnung, durch Klara geheilt zu werden. Er wird liebevoll von den Schwestern gepflegt, Klara selbst ist wie Franziskus todkrank und glaubt, noch vor ihm zu sterben. Und so bewegt sich die Sehnsucht beider aufeinander zu. Klara möchte ihn dringend sehen, Franziskus sie auch, doch die Krankheit steht dazwischen. Es kommt zu einem Hin und Her von schriftlichen Botschaften, in denen die ursprüngliche Selbstverständlichkeit und Heiterkeit der Freundschaft wieder zum Ausdruck kommt. Der Sonnengesang, der in dieser Zeit entsteht, ist darum auch ein Lied auf die Versöhnung unter den Geschlechtern, wie ich bereits weiter oben sagen konnte.

Als schließlich zwei Jahre später Franziskus stirbt, bringen ihn die Brüder nach San Damiano, damit Klara und die Schwestern von ihm Abschied nehmen können. Klara bricht in ein lautes Wehgeschrei ohne vorschnelles Alleluja aus. Sie vermißt seine Gegenwart und bleibt ihm über den Tod hinaus treu verbunden, sogar so sehr, daß sie zum eigentlichen Hort des franziskanischen Ideals wird.

Legendäre Freundschaft

In meinem großen Klara-Buch belege ich ausführlich die historische Dimension, in diesem zweiten Buch jedoch möchte ich mich mehr den Legenden zuwenden.

Denn die Phantasie der Menschen konnte sich mit den wenigen Angaben der Quellen über diese Freundschaft nicht zufriedengeben. Sie mußte diese Beziehung vertiefen und ins Ideale hochstilisieren. Und so kommt es denn in allen Jahrhunderten zu Legenden, welche die allgemeine Sehnsucht nach bergender Freundschaft zum Gegenstand hat und an Franziskus und Klara aufzeigt.

Legenden sind Geschichten, nicht Geschichte. Aber nicht nur geschichtlich Sicheres und

Nachweisbares ist wahr, auch Legenden sind auf einer anderen Ebene wahr. Darum gilt es, sich unbefangen diesen Geschichten zu überlassen. Dann entdeckt man ein Ideal der Freundschaft, wie es tief in der menschlichen Seele verankert ist und wie es immer wieder nach Verwirklichung drängt. Legenden erzählen von Treue und Gnade, von Liebe und Sehnsucht, von Schwierigkeiten und Wegen, diese zu überwinden. Es kümmert sie wenig, ob das alles historisch ist. Wichtig ist, daß das Wunderbare aufscheint in den Beziehungen, daß die Sehnsucht Erfüllung findet – und sehen das alles zwischen Franziskus und Klara verwirklicht.

Darüber hinaus kann man natürlich auch nach den historischen Gründen und nach theologischen Erklärungen suchen.

Historisch konnte wegen der Maßnahmen, welche Hugolin den Schwestern Klaras auferlegte und die vor allem um die vollständige Klausur (Einsperrung!) kreisten, die Freundschaft nicht zur vollen Ausgestaltung kommen. Die Lebensformen der beiden waren, äußerlich gesehen, voneinander sehr verschieden: Klara lebte in immerwährender Klausur und in ständiger Kontemplation, Franziskus wanderte durch die Welt, um die Umkehr und den Frieden in Gott zu verkünden; gemeinsam war ihnen die absolute Armut, aber auch diese Form der Solidarität mit den Bettlern unterschied sich äußerlich sehr voneinander.

Demgegenüber durchbrechen die Legenden die historischen Hindernisse, welche sich der

Freundschaft der beiden in den Weg stellten. Sie stellen dar, wie es eigentlich auch historisch hätte sein können, wenn nicht . . .

Theologische Deutung

Die Historiker sprechen nur ungern über die Legenden. Doch die Verkünder, die Poeten, die Schriftsteller, die Theologen haben an solchen Geschichten die hellste Freude.

Zu ihnen gesellte sich auch Johannes Paul II., der am 12. März 1982 in Assisi sich ganz spontan mit folgenden Worten an die Schwestern von Santa Chiara wandte: »Es ist wirklich schwierig, die beiden Namen Franziskus und Klara voneinander zu trennen. Es sind zwei Phänomene. Es sind zwei Legenden . . . Wenn ihr den Jahrestag der heiligen Klara begeht, müßt ihr dies sehr feierlich tun. Es ist schwierig, ihre Namen voneinander zu trennen. Es gibt zwischen ihnen etwas Tiefes, das nur mit Hilfe der Kriterien franziskanischer, christlicher, evangelischer Spiritualität verstanden werden kann, nicht aber mit menschlichen Kriterien. Der Doppelname Franziskus – Klara ist eine Wirklichkeit, die nur durch christliche, geistliche, himmlische Kategorien verstanden werden kann; gleichzeitig aber ist es eine Realität dieser Erde, dieser Stadt, dieser Kirche. Alles nahm hier Gestalt an. Es handelt sich nicht um reinen Geist; es waren nicht reine Geister. Es waren Personen, Körper und Geist. Aber in der lebendigen Tradition der Kirche, des gesamten Christentums, der Menschheit, bleibt nicht nur diese Legende. Es bleibt die Art und Weise, in der Franziskus seine Schwester sah, die Art und Weise, in der er die Ehe mit Christus einging; er sah sich selbst als ihr Ebenbild, als Bild der Braut Christi, der mystischen Braut, nach dem er seine Heiligkeit formte . . . Er sah sich selbst als einen Bruder, einen Armen nach dem Bild der Heiligkeit dieser echten Braut Christi, in der er das Bild der vollkommenen Braut des Heiligen Geistes, der heiligen Maria, fand . . . Dies ist der Ort, an dem vor acht Jahrhunderten viele Pilger zusammenkamen, um die göttliche Legende Klaras an der Seite des Franziskus zu betrachten, eine Legende, die großen Einfluß auf das Leben der Kirche und die Geschichte der christlichen Spiritualität ausübte. In unserer Zeit ist es notwendig, die Entdeckung der heiligen Klara zu erneuern, weil dies für das Leben der Kirche bedeutsam ist; die Wiederentdeckung dieses Charismas und dieser Berufung ist notwendig. Die Wiederentdeckung der göttlichen Legende des Franziskus und der Klara ist notwendig« (Klara, Die neue Frau 5).

Wenn wir diesen, allerdings nicht sehr logisch klingenden Text genauer anschauen, dann ergeben sich folgende Aspekte:

1. Der Papst spricht von der Untrennbarkeit des heiligen Franz und der heiligen Klara. Wem käme da nicht der Schluß der herrlichen Legende von den Rosen mitten im Winter in den Sinn? »Von da an waren Franz und Klara nie mehr getrennt.« Es gibt über alle Unterschiede

hinweg eine unauflösliche Einheit der beiden Personen. Und diese Einheit ist in den Legenden besser aufbewahrt als in der Geschichte.

2. Der Papst gibt dann allerdings einen Schlüssel zum Verständnis der Legenden, der einen Abgrund errichtet zwischen den »Kriterien franziskanischer, christlicher, evangelischer Spiritualität« und »menschlichen Kriterien«. Gleichsam um es zu unterstreichen, fügt der Papst hinzu: »Christliche, geistliche, himmlische Kategorien« müßten zur Deutung herangezogen werden. Ich frage mich, ob der Papst bei diesen spontanen Äußerungen nicht doch zu sehr den alten dualistischen Gegensatz formuliert und die biblischen Gedanken der Schöpfung und der Menschwerdung Gottes vergißt. Da ist doch dieser Gegensatz aufgehoben! Das Menschliche ist das Göttliche, das Irdische das Himmlische! Auf der anderen Seite müssen in der Deutung tatsächlich das Evangelium, Gott, der Heilige Geist als zentrale Realitäten beachtet werden, sonst greift man zu kurz.

3. Dieses Zusammenspiel von Gott und Mensch, Himmel und Erde in der Freundschaft der beiden Heiligen wird dann aber doch wieder stark unterstrichen: ihre Freundschaft sei »eine Realität dieser Erde, dieser Stadt (Assisi), dieser Kirche«. Die Freundschaft zwischen Franz und Klara ist nicht nur erfundene Geschichte, nicht nur ein ideales Gebilde, sondern konkrete Geschichte, bis heute bleibend greifbar.

4. Der Papst deutet die Freundschaft der beiden auf eine zutiefst theologisch-mystische Wei-

se: Franziskus hätte in Klara die Braut Christi gesehen, was man auch durch die Quellen belegen kann. Darüber hinaus aber – und das scheint mir weniger sicher zu sein – sei Klara für Franziskus so etwas wie ein Spiegel, in dem er sich selbst als Braut erkennt, die mit Christus ehelich verbunden sei. Anders gesagt: Klara sei für Franziskus ein lebendiges Bild, das er sich selber anverwandelt hätte.

5. Schließlich unterstreicht der Papst die Wichtigkeit und die Notwendigkeit dieser Beziehung für die Kirche, und ich würde hinzufügen: für die Welt! Nichts, was Klara und Franziskus für sich allein oder in der gegenseitigen Verwiesenheit aufeinander gelebt haben, darf der Vergessenheit anheimfallen. Wir brauchen diese Berufung auch heute noch.

Erotik?

Nochmals: Nach welchen Kriterien darf man das Freundschaftsverhältnis zwischen Franziskus und Klara beurteilen? Ist Erotik ein bloß menschliches Kriterium, das nach den Worten des Papstes nicht herangezogen werden darf?

Wenn man dieser Ansicht ist, ist man einem vordergründigen Verständnis von Erotik verfallen. Erotik ist ja nicht das, was man heute oberflächlich und vordergründig darunter versteht. Eros ist die große Faszination, die begeisternde Anziehungskraft, die vom Schönen, Guten, Wahren, von allem, was ist, ausgeht, um mich meiner Ichsucht zu entreißen und aus der selbstgewählten Isolation herauszulocken. Nur aus dieser Kraft heraus kommt es zur Begegnung, zur Freundschaft unter den Menschen und zur Anbetung Gottes. Erotik gehört also zu den großen Kräften, die Gott selbst in die Schöpfung hineingelegt hat und die letztlich von ihm selbst ausgehen.

Selbstverständlich kann man diese göttliche Kraft unterdrücken oder mißverstehen. Darum gibt es Zeiten, in denen man Erotik verteufelt, und andere, in denen man sie vergöttlicht. Beides ist falsch. Richtig aber ist, daß in ihr Gott selbst am Werke ist.

Zur Zeit des heiligen Franz und der heiligen Klara wird die Erotik zu einer gesellschaftlich prägenden Kraft. Aus diesem Hintergrund kann man die franziskanische Spiritualität sogar gesamthaft und auch die Beziehung zwischen den beiden als »erotisch« bezeichnen, wie das die Generalminister der franziskanischen Männerorden tun: »Gleichzeitig begünstigte das höfische Milieu, daß sich eine neue Kultur der Leidenschaft und der Liebeskunst bildete und entwickelte, auch in ihrem erotischen Ausdruck, gesehen als tiefe und totale Sehnsucht, geliebt zu sein und zu lieben mit der ganzen Person. Oft fand eine solche Liebe ihre Sublimation in Christus und der Jungfrau Maria, aber auch in intensiven Freundschaften zwischen Menschen und schließlich in der Liebe zu allen Geschöpfen« (Die neue Frau 12).

Hinweis

Zum Schluß dieser Einführung möchte ich noch darauf hinweisen, daß die Grundlage zu diesem Buch selbst ein Ausdruck der Freundschaft ist. Vor Jahren hat die »Junge Franziskanische Gemeinschaft« eine Broschüre herausgegeben mit dem Titel: »Franz und Klara: Bilder einer Freundschaft«. Die meisten Quellen haben wir gemeinsam übersetzt und stilistisch bearbeitet. Ebenso geht die Illustration, die in diesem Buch zur Anwendung kommt, auf diese Veröffentlichung zurück. Darum möchte ich den Freunden und Freundinnen von damals ein Denkmal setzen: Elisabeth Hug, Bea Trüeb, Vreni Blum, Gaby (Sieber-)Trüeb, Beat Schlierenzauer, Ronald Jenny. Einleitung und Deutung der Geschichten allerdings sind völlig neu und teilweise in »Unterwegs mit Franziskus« bereits veröffentlicht worden. Hinzu kommen auch die beiden Meditationen (»Klara im Garten der Schöpfung« und »Klara liebkost den toten Franziskus«), die als Bildmeditationen im Dietrich-Coelde-Verlag erschienen sind. Ihm danke ich für die Abdruckerlaubnis.

Anton Rotzetter

Liebe Schwestern, denken wir doch an die unendlichen Wohltaten, die Gott uns erwiesen hat. Vor allem an jene, die er uns durch seinen Diener, unseren geliebten Vater Franziskus, erwiesen hat, und zwar nicht nur in der Zeit nach unserer Bekehrung, sondern schon in der Zeit, als wir noch in den Nichtigkeiten der Welt verstrickt waren. Denn dieser heilige Vater hat von uns prophetisch gesprochen, als er weder Brüder noch Gefährten hatte, damals unmittelbar nach seiner Bekehrung, als er die Kirche San Damiano wiederherstellte, nachdem er ganz von Gottes Gegenwart erfüllt worden war und aus innerem Drang heraus die Welt verlassen hatte. Voll Freude und Heiligem Geist sagte er von uns, was Gott später erfüllt hat. Denn Franziskus bestieg damals die Mauer der genannten Kirche und rief mit lauter Stimme einigen Armen zu, die gerade in jener Gegend weilten: »Kommt und helft mir beim Bau des Klosters San Damiano. Denn es werden einmal Frauen hier wohnen, durch deren berühmtes Leben und deren Heiligkeit unser Vater im Himmel in der ganzen Kirche verherrlicht werden soll.«

KLARA, TESTAMENT

Was die Sehnsucht vermag

Es war in den Tagen, als der Fluß Hochwasser hatte. Franziskus und Klara wanderten dem Ufer entlang, er auf der einen, sie auf der anderen Seite. Der Heilige hätte gerne auf das andere Ufer hinübergewechselt. Doch er konnte nicht, weil das Wasser tief war und sehr bewegt. Es verdroß und schmerzte ihn sehr, daß das stürmische und heimtückische Wasser ein Hindernis war, um sich mit der Schwester seiner Seele zu treffen.

Plötzlich warf Klara unvermittelt ihren Mantel auf die Wellen und sprang darauf. Ein einziger Augenblick, und sie war bei ihm.

Da bekannte der selige Franziskus voll Ehrfurcht und Bewunderung: »Sieh, Schwester, du bist bei Gott in viel größerer Gnade als ich!«

Volkslegende

A. Fortini, nach einer Erzählung der Bauern von Rocca Sant' Angelo

Die Sehnsucht ist eine große Kraft im Menschen. Wie der Glaube versetzt sie Berge. Sie »hat« bereits alles, was sie ersehnt. Dies kommt sehr schön zum Ausdruck in einer Legende, welche man in der Umgebung von Assisi erzählt.

Es war in den Tagen, als der Fluß Hochwasser hatte. Franziskus und Klara wanderten dem Ufer entlang, er auf der einen, sie auf der anderen Seite.

Natürlich ist unser Leben sehr weit davon entfernt, vollkommen zu sein. Nie sind wir am Ziel, nie ist alles in Ordnung. Da fehlt immer etwas oder sogar sehr viel zum vollkommenen Glück.

Besonders gilt das für unsere menschlichen Beziehungen. Da gibt es immer etwas, was zwischen uns ist, vielleicht ein Hochwasser oder anderes, was uns trennt. Da können sich Welten auftun zwischen Mann und Frau, Berge anhäufen zwischen Freundin und Freund, Abgründe aufbrechen zwischen denen, die sich lieben. Gerade sie erleben ja immer wieder, wie weit weg der Geliebte und wie groß die Distanz ist: Die Stimme trägt nicht hinüber ans andere Ufer, die Worte sind keine Brücken, die man begehen könnte, sie zerbrechen, noch bevor sie ausgesprochen sind . . . Je mehr die Liebenden das feststellen, um so mehr leiden sie und um so größer wird die Sehnsucht. Wie zusammenfinden? Was tun? Die Fragen sind ohne Ende, die Lösung kaum in Sicht.

Der Heilige hätte gerne auf das andere Ufer hinübergewechselt. Doch er konnte nicht, weil das Wasser tief war und sehr bewegt. Es verdroß und schmerzte ihn sehr, daß das stürmische und heimtückische Wasser ein Hindernis war, um sich mit der Schwester seiner Seele zu treffen.

Auch der heilige Franziskus ist einer, der lauter Fragen und keine Antworten hat. Dies bringt ihn uns näher. Auch der Heilige steht vor den gleichen Problemen, auch er ist nicht notwendig derjenige, der das Leben besser meistert. Auch er spürt die Distanz, die Entfernung, die Unerreichbarkeit des anderen, vielleicht sogar auch die Brüchigkeit der Beziehungen.

Auf jeden Fall steht er ohnmächtig da: Er sieht das reißende Wasser, die verschlingende Flut, die Breite des Flusses. Der Sprung ist ihm zu gewagt, die Angst zu groß, die eigenen Möglichkeiten sind ihm zu klein. Es geht nicht, nur eines bleibt: Schmerz – und dann Resignation! Ich kann es nicht, werde es nie schaffen, wir werden nie zusammenkommen!

Plötzlich warf Klara unvermittelt ihren Mantel auf die Wellen und sprang darauf. Ein einziger Augenblick, und sie war bei ihm. Da bekannte der selige Franziskus voll Ehrfurcht und Bewunderung: »Sieh, Schwester, du bist bei Gott in viel größerer Gnade als ich!«

Und doch gibt es das Unerhoffte und Unmögliche. Franziskus erlebt es. Klara, die Schwester seiner Seele, die geliebte, ergreift die einzige Möglichkeit, die bleibt: die Kraft des Glaubens, der ja nach einer Aussage der Bibel »Berge versetzt«. Wenn Gott derjenige ist, für den auch das Unmögliche möglich ist, dann ist doch dieses reißende Hochwasser eine Nichtigkeit! Da kann man doch wie damals Petrus über das Wasser gehen, wenigstens so lange, wie der Blick auf Gott konzentriert bleibt! Dann kann man doch, wie der Psalmist sagt, »mit Gott Mauern überspringen«! Dann kann man doch seinen Mantel auf das Wasser werfen und wie über eine ganz normale Brücke zum anderen hinüberspringen! So leicht scheint das dem, der glaubt! Und Klaras Glaube ist groß, viel größer als derjenige des heiligen Franz!

Und so geht sie das Wagnis des Glaubens ein, das Wagnis der Sehnsucht – und schon kommt es zur Umarmung, zur Verschmelzung der Seelen! Wenn es doch so wäre! Aber ist es denn nicht so?

Zurück zur Quelle!

Klara und Franziskus wollten sich nach langer Trennung wiedersehen. Sie vereinbarten einen Ort in einem Tal bei Assisi, an dem sie sich gerne aufhielten. Auf dem Grund des Tales hatte sich ein Bach sein Bett gegraben.

Nun kam es, daß Klara zur vereinbarten Zeit auf der einen, Franziskus aber auf der anderen Seite des Baches ankam. Sie standen nur wenige Meter voneinander entfernt, aber der Bach trennte sie.

Klara rief Franziskus zu: Komm herüber! Franziskus aber wehrte ab: Das Wasser ist tief und reißend, es würde mich umbringen. Laßt uns eine Brücke suchen.

Sie suchten eine Brücke, aber es gab keine. So können wir uns heute nicht begegnen, gehen wir nach Hause!, sagte Franziskus traurig.

Klara aber war beharrlich: Wir gehen den Bach hinauf, bis zur Quelle. Dort ist das Wasser niedrig, wir können hindurchwaten und zusammenkommen.

So wanderten sie den Lauf des Baches hinauf. Der Weg wurde steil und anstrengend. Es dauerte Stunden.

Aber die Freude, miteinander sprechen zu können, ließ Franziskus und Klara die Hindernisse mühelos überwinden.

Schließlich kamen sie zur Quelle des Baches. Sie war so lauter und klar. Sie spürten Durst. Sie schöpften mit den Händen Wasser aus der Quelle und tranken es wie eine Köstlichkeit. Das Wasser war wie ein Spiegel, darin Klara und Franziskus ihr eigenes Bild fanden.

So ist unser Leben, sagte Klara, wir sind unterwegs, jeder auf seinem Weg. Menschen sind nicht geschaffen, einander zu haben und zu genießen. Menschen sind geschaffen, miteinander zur Quelle zu finden. Menschen sind geschaffen, um Gott zu genießen.

BEI: H. SCHLEGEL, MULIER FORTIS – CLARA VON ASSISI. EIN GEISTLICHES SPIEL MIT TEXTEN UND LIEDERN, PANTOMIME UND TANZ, MANUSKRIPT

Legenden können sich verändern, ihr Akzent kann sich verschieben. So haben wir eben noch von Klara gehört, die einfach ihren Mantel auf den reißenden Strom wirft und mit der Leichtigkeit ihres Glaubens zu Franziskus hinüberhüpft. Auch diesmal ist es Klara, die einen Ausweg findet. Aber dieser Ausweg sieht ganz anders aus.

Zwar ist die Ausgangssituation die gleiche: Die Sehnsucht, die Franziskus und Klara verbindet, kann sich mit der langen Trennung nicht abfinden. Sie wollen zusammenkommen und vereinbaren einen Ort, an dem sie sich zu einem bestimmten Zeitpunkt treffen sollen. Doch: wie schnell schleichen sich doch Mißverständnisse in die Beziehung zweier Menschen! Vielleicht hat Franziskus nicht genau hingehört, vielleicht auch Klara. Vielleicht waren auch die Worte zu wenig genau. Auf jeden Fall hat sich da etwas zwischen Franz und Klara aufgebaut, noch bevor sie der Bach so schmerzlich voneinander trennt. Der Wurm ist vielleicht gar schon lange in dieser Beziehung.

Klara rief Franziskus zu: Komm herüber! Franziskus aber wehrte ab: Das Wasser ist tief und reißend, es würde mich umbringen. Laßt uns eine Brücke suchen. Sie suchten eine Brücke, aber es gab keine. So können wir uns heute nicht begegnen, gehen wir nach Hause!, sagte Franziskus traurig.

Nun stehen sie also einander gegenüber, der Bach trennt sie. Die Distanz ist zu groß, das Wasser zu tief. Es gibt ganz einfach keine Brücke, keine Möglichkeit, einander zu begegnen. Gewiß: auf beiden Seiten ist der Wille vorhanden, einander zu verstehen, einander nahezukommen. Doch das Wagnis, aufeinander zuzugehen, und die Angst, dabei unterzugehen, sich zu verlieren, sind zu groß. Was bleibt, ist nur das Unvermögen, über den eigenen Schatten zu springen oder einen tragfähigen Weg zu finden. So gibt Franziskus traurig und resigniert auf, wie überhaupt Männer in solchen Fällen schnell

Hopfen und Malz verloren sehen. Nicht aber Klara! Die Geduld der Frau ist größer, sie will nicht aufgeben, und sie findet denn auch einen Ausweg. Und von hier an beginnt sich nun die Legende von der früheren zu unterscheiden.

> *Klara aber war beharrlich: Wir gehen den Bach hinauf, bis zur Quelle. Dort ist das Wasser niedrig, wir können hindurchwaten und zusammenkommen.*

Klaras Lösung ist nicht das »Alles oder nichts!« des heiligen Franz. Sie begnügt sich mit dem Vorläufigen und hier und jetzt Möglichen. Sie kann erstens leben mit dem Bach dazwischen: Wichtig ist ihr, daß der Mensch, den sie liebt, in Sichtweite bleibt und nicht im Dunkel der Abwesenheit verschwindet. Zweitens schlägt sie ihm vor, miteinander auf dem Weg zu bleiben und in die gleiche Richtung zu laufen. Auch dies ist ja eine gute Sache: Die Intimität und Nähe ist jetzt noch nicht möglich, gut, aber wir schauen und gehen in die gleiche Richtung. Nämlich dem Bach entlang, nicht hinunter ins Tal, zum See oder zum Meer. Zwar wäre der Weg hinunter leichter, aber er hat weniger Verheißungen als der Weg zurück zur Quelle. Und so ist denn drittens dieser schwerere Weg zurück, hinauf zur Quelle, die eigentliche Hoffnung dieser Freundschaft. Wenn man ihn beharrlich geht, schwitzend und seufzend zwar, vielleicht mit vielen Pausen dazwischen, dann muß es doch früher oder später zu einer größeren Nähe kommen. Diese Hoffnung wird für beide zum tragenden Grund: Die Stunde wird kommen, wo wir uns in die Arme nehmen können, die Mühe lohnt sich!

Schließlich kamen sie zur Quelle des Baches. Sie war so lauter und klar: Sie spürten Durst. Sie schöpften mit den Händen Wasser aus der Quelle und tranken es wie eine Köstlichkeit. Das Wasser war wie ein Spiegel, darin Klara und Franziskus ihr eigenes Bild fanden.

Bei dieser Schilderung wird deutlich, daß die Quelle identisch ist mit Gott. Erst in Gott, an der Quelle des Lebens, entsteht Nähe und Intimität. Weil auch erst in diesem Wasser das eigene Gesicht erkennbar wird. Erst die Selbsterkenntnis, die von Gott ausgeht, macht es möglich, einander nahe zu sein. Vielleicht ist es wirklich nur das eigene Ich, welches es verhindert, dem anderen nahezukommen. Wenn aber das wahre Selbst des Menschen im Licht Gottes aufleuchtet, dann können Menschen einander ungehindert begegnen.

So ist unser Leben, sagte Klara, wir sind unterwegs, jeder auf seinem Weg. Menschen sind nicht geschaffen, einander zu haben und zu genießen. Menschen sind geschaffen, miteinander zur Quelle zu finden. Menschen sind geschaffen, um Gott zu genießen.

Freundschaft entzieht sich ja dem Haben- und Besitzenwollen. Freundschaft ist ein Hin- und Herfließen der Liebe, nicht Über- und Unterordnung, wo der eine seine raffende Hand über den anderen hält und nur seinen eigenen Vorteil sucht.

Nun kann man sich aber fragen, unter welchen Bedingungen die letzten Sätze der Legende Trost und Hoffnung bedeuten. Sicher dann, wenn sich beide Menschen ernsthaft bemühen, einander nahezukommen und auf dem gemeinsamen Weg zu bleiben. Ebenfalls dann, wenn beide zur Ohnmacht, einander nahe zu sein, stehen und einander die Freiheit geben, in einer gewissen Distanz in die gleiche Richtung zu gehen.

Aber wahrscheinlich ist der Schluß dieser Legende ein Hohn für alle, die immerzu nur abgewiesen oder gar im Stich gelassen werden. Und er ist sogar auch theologisch nicht richtig, wenn man alle Freude auf das Jenseits verschiebt oder gar auf den Sankt-Nimmerleins-Tag. Denn einander jetzt schon zu genießen, oder besser: Gott jetzt schon in der Begegnung irdischer Freundschaft zu genießen, jetzt schon aus der Quelle zu trinken, und nicht erst nach dem Tod – dies ist doch eigentlich gemeint, wenn man von geistlicher Freundschaft spricht oder, im Fall der Ehe, gar von »Sakrament«.

Rosen mitten im Winter

Eines Tages kamen Franz und Klara von Spello gen Assisi und wurden dabei nicht wenig beunruhigt. Sie waren nämlich für eine Weile in ein Haus getreten, wo man ihnen auf ihre Bitte etwas Brot und Wasser gab. Aber dabei hatten sie böse Blicke auf sich gezogen, und sie mußten peinliches Geflüster mit versteckten Anspielungen und Witzen hinnehmen. Schweigend gingen sie weiter. Es war die kalte Jahreszeit und das Land ringsum mit Schnee bedeckt. Schon begann es am Horizont zu dunkeln . . . Plötzlich sagte Franz: »Schwester, hast du verstanden, was die Leute von uns gesagt haben?«

Klara gab keine Antwort. Ihr Herz war wie von Zangen gepeinigt, und sie spürte, wenn sie etwas sagen würde, hätte sie die Tränen nicht unterdrücken können.

»Es ist Zeit, uns zu trennen«, sagte schließlich der heilige Franz. »Du wirst noch vor dem Einbrechen der Nacht im Kloster sein. Ich werde allein gehen und von weitem folgen, wie Gott mich führt.«

Da warf sich Klara mitten auf dem Wege in die Knie. Nach einer Weile hatte sie sich gefaßt, stand auf und ging gesenkten Hauptes weiter, ohne rückwärts nach ihm zu schauen. Der Weg führte durch einen Wald. Auf einmal aber hatte sie nicht mehr die Kraft, so ohne Trost und Hoffen, ohne ein Abschiedswort von ihm zu gehen. Sie wartete. »Vater«, sagte sie, »wann werden wir uns wiedersehen?« – »Wenn der Sommer wiederkommt, wenn die Rosen blühen!«

Da geschah etwas Wunderbares. Auf einmal war ihnen, als blühten ringsum auf den Dolden der Wacholdersträuche und auf den von Reif bedeckten Hecken eine Unzahl von Rosen . . .

Nach dem ersten Staunen eilte Klara hin und pflückte einen Strauß von Rosen und legte ihn Franz in die Hände. Von diesem Tag an waren Franz und Klara nie mehr getrennt.

VOLKSLEGENDE
A. FORTINI, ÜBERSETZUNG O. KARRER

Wieder erzähle ich eine Geschichte, die sich mit Bestimmtheit so nicht ereignet hat. Aber auch erfundene Geschichten sind wahr! Sie zeigen Werte, die uns eigentlich teuer sein müßten – gerade auch in den freundschaftlichen Beziehungen.

Eines Tages kamen Franz und Klara von Spello gen Assisi und wurden dabei nicht wenig beunruhigt.

Auch in den bisherigen Beiträgen habe ich die freundschaftliche Beziehung von Franziskus und Klara zum Gegenstand der Betrachtung gemacht. Immer wieder konnte ich zeigen, was innerhalb dieser Freundschaft möglich war. Diesmal geht es aber um die Freundschaft selbst.

Hier wird diese Freundschaft dargestellt als Weggefährtenschaft. Franziskus und Klara sind miteinander auf dem Weg. Spello und Assisi spielen eigentlich keine Rolle. Der Weg könnte sich auch zwischen anderen Orten erstrecken. Gemeint ist der Weg an sich, auf dem sich zwei Menschen befinden.

Historisch gesehen haben Franziskus und Klara tatsächlich den gleichen Weg eingeschlagen: den franziskanischen Weg, der geprägt ist von absoluter Besitzlosigkeit. Franziskus hat den Weg begonnen und dazu dann auch Klara eingeladen. Wegen gesellschaftlicher und kirchlicher Bedingungen konnten sie allerdings nicht, was in dieser Legende vorausgesetzt ist, auch im täglichen Leben gemeinsam auf den Weg gehen, um das Evangelium zu verkünden und von der Wohltätigkeit der Leute zu leben.

> *Sie waren in ein Haus getreten, wo man ihnen auf ihre Bitte etwas Brot und Wasser gab. Aber dabei hatten sie böse Blicke auf sich gezogen, und sie mußten peinliches Geflüster mit versteckten Anspielungen und Witzen hinnehmen.*

Der Grund, warum dies nicht möglich war, zeigt

sogar die Legende selbst. Auch heute noch reden Menschen ja sehr schnell dumm und böse von Menschen, die sich lieben. Geflüster, Anspielungen, Witze – so fremd ist uns das nicht! Eifersucht, Neid – oder ganz einfach Dummheit – führen immerfort dazu, daß man das Schönste und Edelste in den Dreck zieht: die Liebe und Freundschaft zwischen Mann und Frau.

Mehr noch als heute war das im Mittelalter der Fall. Da gab es eine grundsätzliche negative Bewertung der Beziehung zwischen den Geschlechtern. Die Frau mußte man meiden, weil sie die Ursache der Sünde sei, und wer als Mann etwas auf sich hielt, mußte diesem Vorurteil folgen.

Vielleicht ist es hier einmal am Platz, über die Wirkungen nachzudenken, welche von solchen und anderen Vorurteilen ausgehen können. Max Frisch hat sie in seinem Theaterstück »Andorra« aufgezeigt: Die Vorurteile tragen schließlich den Sieg davon; statt daß die Menschen, über die man böse denkt, Widerstand leisten, gleichen sie sich dem bösen Vorurteil an und entsprechen immer mehr dem Bild, das die Gesellschaft von ihnen macht . . .

Sensible Menschen wie Franziskus und Klara müssen ebenfalls in den Sog der dummen Vorurteile geraten. Lange Zeit gehen sie stumm nebeneinander her. Nicht nur draußen ist es kalt, auch die Seele ist mit einer harten Schneekruste bedeckt. Und es wird immer dunkler, nicht nur draußen. Vor allem Klaras Herz leidet unter der Folter, es wird ihr ganz eng und bang, der Hals ist zugeschnürt, ihre Augen tränen.

»Es ist Zeit, uns zu trennen«, sagte schließlich der heilige Franz. »Du wirst noch vor dem Einbrechen der Nacht im Kloster sein. Ich werde allein gehen und von weitem folgen, wie Gott mich führt.«

Der zwingende Charakter der Umwelt wird überdeutlich. Auch die Lösung, die Franziskus schließlich anbietet, ist nichts anderes als der Sieg der Bosheit über die Liebe. Zwar gleichen sich die beiden nicht an, aber Franziskus ist bereit, zu zerstören, was schön und gut zwischen den beiden ist.

Darum schlägt er die Trennung vor. Und gibt vor, was Hunderte andere wiederholen werden. Es ist der Vorschlag des Mannes.

Einen Augenblick lang ist auch Klara bereit, diesen Weg zu gehen. Sie fällt zwar zuerst auf die Knie, steht dann aber auf und geht, ohne zurückzublicken. Dann aber zeigt sich doch ein anderer Weg.

Auf einmal aber hatte sie nicht mehr die Kraft, so ohne Trost und Hoffen, ohne ein Abschiedswort von ihm zu gehen. Sie wartete. »Vater«, sagte sie, »wann werden wir uns wiedersehen?« – »Wenn der Sommer wiederkommt, wenn die Rosen blühen!«

Die Endgültigkeit, mit der der Mann eine Beziehung abbrechen will, ist für die Frau schrecklich, vielleicht auch für den Mann. Auf jeden Fall: Klara braucht die Perspektive, die Hoffnung, sich wiederzusehen. Erst die Aussicht auf die erneute Begegnung macht ihr das scheinbar Notwendige erträglich. Und so wirft sie die Härte und die Entschlossenheit hinter sich und zeigt ihre Schwäche, äußert ihre Not und bittet um ein Wiedersehen. Franziskus, der nicht schwach sein kann oder will, schiebt die Wiederbegegnung möglichst weit in die Zukunft hinein: im Sommer, wenn die Rosen blühen . . .

> *Da geschah etwas Wunderbares. Auf einmal war ihnen, als blühten ringsum auf den Dolden der Wacholdersträuche und auf den von Reif bedeckten Hecken eine Unzahl von Rosen . . . Nach dem ersten Staunen eilte Klara hin und pflückte einen Strauß von Rosen und legte ihn Franz in die Hände. Von diesem Tage an waren Franz und Klara nie mehr getrennt.*

Mit anderen Worten: Das Dilemma, in das Franziskus und Klara durch das Gerede der Leute geraten sind, wird nun ganz plötzlich aufgehoben.

Gott ist auf der Seite der Liebenden. Er will nicht die Angleichung, er will nicht die Zerstörung der Beziehung, er will nicht den Sieg des Geredes über die Liebe. Er will die Liebe, die Freundschaft, die Einheit der Geschlechter. Und so geschieht ein Wunder, das der Liebe beider ewigen Bestand gibt.

Allerdings: Historisch gesehen ist die Freundschaft ja nicht so gelaufen. Franziskus hat sich dem Zwang der Gesellschaft überlassen. Er ging seine Wege, Klara mußte in Klausur leben; Franziskus grenzte sich ab, besuchte nur selten die Freundin in San Damiano. Und wenn, dann konnte es geschehen, daß er nichts anderes tat als eine stumme Geste: Er streute Asche auf den Boden, in Form eines Kreises, und legte sich in diesen Kreis – um nach einer Weile wortlos wegzugehen.

Die Legende zeigt, wie es auch hätte sein können.

Gott und die menschliche Liebe

Weinend sagte Franziskus eines Tages
zum Herrn:
Ich liebe die Sonne und die Sterne
Ich liebe Klara und ihre Schwestern
Ich liebe das Herz der Menschen
und alle schönen Dinge
Herr
Du mußt mir verzeihen
Denn nur dich sollte ich lieben

Lächelnd
antwortet der Herr:
Ich liebe die Sonne und die Sterne
Ich liebe Klara und ihre Schwestern
Ich liebe das Herz der Menschen
und alle schönen Dinge
Mein Franziskus
Du mußt nicht weinen
Denn das alles liebe auch ich.

UMBRISCHES VOLKSLIED
BERNARDINO GRECO

Vor Jahren bin ich in Umbrien einem Lied begegnet, das mir sehr Eindruck gemacht hat. Nicht nur durch die Stimme eines Mitbruders, der es sang, sondern auch wegen seines Inhalts. Natürlich tönt Poesie in der Übersetzung meistens sehr holprig. Aber auch so noch greift der Charme um sich, der uns aus diesem Lied entgegentritt.

Weinend sagte Franziskus eines Tages zum Herrn . . .

Daß Franziskus oft weinte, ist sicher. Vielleicht ist es nur nicht so bekannt wie sein Lachen, seine Spiele und Narreteien, seine Lieder. Aber er ist, und das muß man sagen, ebensosehr der Weinende.

Natürlich hat sein Weinen einen Grund. Oder sogar mehrere. Seit 1219 leidet er an einem Trachom, an einer schmerzhaften Bindehautentzündung. Deswegen treibt ihm das grelle Licht des Tages die Tränen in die Augen. Aber das ist selbstverständlich nicht das, was man mit Weinen meint. Weinen bedeutet betrübt, traurig sein. Da gibt es nun zwei Gründe, die bei Franziskus auffallen. Einmal die Unfähigkeit, am Leiden einfach vorbeizusehen. Franziskus konnte nichts und niemanden leiden sehen, ohne zuinnerst getroffen, betroffen zu sein – und eben zu weinen.

Ein anderer Grund zeigt bereits die Richtung an, in die auch unser Lied weist. Man erzählt sich die Geschichte, daß Franziskus einmal wei-

nend herumzog und immer nur ausrief: Die Liebe wird nicht geliebt. Was für ein Leiden war es ihm doch, sehen zu müssen, wie man sich haßt, wie man Gott nicht als Liebe erfährt, als innerste und intimste Liebesbeziehung, die es überhaupt gibt!

Ich liebe die Sonne und die Sterne
Ich liebe Klara und ihre Schwestern
Ich liebe das Herz der Menschen
und alle schönen Dinge.

Nun bezieht sich aber die Liebe des heiligen Franz in diesem Lied auf »alle schönen Dinge«. Und dies läßt aufhorchen. Und zwar gleich in mehrfacher Hinsicht!

Erstens einmal ist die Schönheit bei vielen Christen nicht gerade etwas, was man mit besonderer Aufmerksamkeit anschaut. Die Augenlust, also die Lust des Auges am Schönen, zählt denn auch zu den Sünden, die man meiden soll. Am besten, man geht mit geschlossenen Augen durch die Gegend!

Dabei verbauen wir uns aber auch eine der Möglichkeiten, Gott zu begegnen. Der herbstliche Wald, der Sonnenuntergang, das Lichtermeer der Leuchtkäferchen im Sommer, die unzähligen Formen der Schneeflocken, die Anmut der Frau, das klare Wasser eines Baches, die Verspieltheit eines Kindes, das Balgen der Hunde – und die vielen anderen Gestalten der Schönheit sind dann nicht mehr Gelegenheiten der Ekstase, des Stehenbleibens, des Staunens, des Entzückens, des Aus-sich-Heraustretens, der unbändigen Lust an der Schöpfung, auch nicht mehr heilige Orte, an denen man die Schuhe ausziehen muß, weil sich darin Gott zeigt.

Im Grunde genommen entzieht man sich der Basis einer guten, katholischen Spiritualität, die sich am Geschöpflichen entzündet. Was sind die Kunstrichtungen der Geschichte anderes als Gestalten des Schönen: die klare, überschaubare Ordnung der Romanik, die Anziehung des Himmels durch die Gotik, der irdische Festsaal im Barock . . . Aber auch die Bilder in den Kirchen und Büchern – was sind sie anderes als der Charme der Schönheit, die uns fasziniert?

Gerade die mittelalterliche Theologie war noch von den sogenannten Transzendentalien überzeugt. Dieser Ausdruck meint, daß alles, was konkret existiert, über sich hinausweist, weil in allem das Eine, Gute, Wahre, Schöne aufleuchtet. Letztlich kann man sagen: Alles, was ist, ist, weil es ist, gut, schön, wahr, und alles Gute ist wahr und schön, alles Wahre gut und schön, alles Schöne gut und wahr. Und so gibt es in uns Menschen eine natürliche Zuneigung zum Schönen, Guten, Wahren . . . Nichts ist natürlicher, wenn man es so betrachtet, als die Liebe zu allem Schönen! Denn Gott selbst tritt uns in allem Schönen, Wahren, Guten, in allem, was ist, entgegen!

Herr
Du mußt mir verzeihen
Denn nur dich sollte ich lieben.

Nun muß man sich aber wirklich fragen, welcher Teufel denn das Gegenteil eingibt. Von jeher wird das Gute, Wahre, vor allem aber das Schöne vermiest, schlechtgemacht, mit einem schlechten Gewissen belegt. Man löst die unauflösliche Einheit der Transzendentalien auf: Das Gute wird gegen das Schöne, das Wahre gegen das Gute und Schöne ausgespielt. Im Namen der Wahrheit darf man dies und das nicht gut und schön finden!

Zwei große Irrtümer sind es, die hier an der negativen Einstellung zur Schöpfung schuld sind.

Zunächst einmal ist da der sogenannte Dualismus. Man versteht darunter jene Auffassung, wonach die Schöpfung von zwei gegensätzlichen Prinzipien geprägt sei: dem Guten einerseits, von dem die Seele und der Geist stammen, und dem Bösen andererseits, das uns im Leib, in der Materie, in der Sexualität begegnet. Wie kann man da noch Lust haben dürfen? Wie können da konkrete Dinge, Menschen überhaupt noch lustvoll und liebevoll betrachtet werden, wenn doch Leib und Materie böse sind? Denn was man vom Menschen sieht, ist der Leib, was unsere Hände an der Blume greifen, ist Materie!

Und dann ist da auch noch der »Deismus«, jene ebensoweit verbreitete Auffassung, wonach Gott irgendwo im fernen Himmel wohnt, nicht aber in den Dingen, die er geschaffen hat. Man stellt sich dann Gott so vor, als sei er das erste einer ganzen Reihe von Gliedern: Gott, die Sonne, die Sterne, Klara von Assisi, ihre Schwestern, das Herz eines lieben Menschen und alle anderen schönen Dinge. Und nun stehe ich vor dieser Reihe und muß wählen: entweder Klara oder Gott, entweder der liebe Mensch oder Gott! Und so wird Gott zum Konkurrenten des Menschen und der Mensch höchstens zum Mittel zum Zweck: Den Menschen darf man nur so lieben, daß man in ihm letztlich Gott meint. Als ob der Mensch so geliebt sein möchte, als ob Gott so geliebt sein möchte!

Wie kann man nur so dumm von Gott denken! Er ist nicht der Konkurrent des Menschen; ich bin nicht vor die Wahl gestellt, denn Gott ist gar nicht ein Glied in der Reihe, sondern in jedem gegenwärtig. Klara ist das Sakrament, in dem Franziskus Gott begegnet. Die Freundin ist der Weg, auf dem Gott zum Freund kommt. Klara ist nur Klara, wenn sie in ihrer tiefsten Tiefe erkannt und geliebt wird – und dort ist Gott, der auf die Liebe des heiligen Franz wartet. Anders als in dem, was Gott geschaffen hat, kann der Mensch Gott gar nicht erfahren. Darum ist nicht verwunderlich, wenn das Lied fortfährt:

Lächelnd antwortet der Herr:
Ich liebe die Sonne und die Sterne
Ich liebe Klara und ihre Schwestern
Ich liebe das Herz der Menschen
und alle schönen Dinge
Mein Franziskus
Du mußt nicht weinen
Denn das alles liebe auch ich.

Wie anders könnte es sein? Wir bewegen uns in einer Religion des Geschöpflichen. Gott kann anders als durch seine Schöpfung nicht erkannt und geliebt werden. Alles ist Spur, Sinn, Weg, Werk Gottes, Ausdruck des Guten, des Schönen, des Wahren.

Und wir bewegen uns in einer Religion der Menschwerdung. Gott identifiziert sich so sehr im Menschen, daß er außerhalb des Menschlichen gar nicht mehr gefunden werden kann.

Klara als Seelenführerin

Der heilige Franziskus war ein demütiger Diener Jesu Christi. Kurze Zeit nach seiner Bekehrung – er hatte schon einige Gefährten empfangen und sie zu einem Orden geeinigt – überfielen ihn schwere Gedanken und große Zweifel über das, was er eigentlich tun solle: Sollte er sich einzig und allein dem Gebet widmen oder auch von Zeit zu Zeit predigen gehen? Zu dieser Frage hätte er gerne den Willen Gottes gewußt. Doch seine große Demut ließ es nicht zu, viel von sich oder dem eigenen Gebet zu halten. Darum wollte er den Willen Gottes mit Hilfe anderer erfahren.

So ließ er Bruder Masseo rufen. Er sagte zu ihm: »Mein lieber Sohn, geh zu Schwester Klara. Sag ihr in meinem Namen, sie und einige ihrer geisterfülltesten Gefährtinnen mögen Gott bitten, daß es ihm gefalle, mir zu zeigen, ob ich mich der Predigt widmen soll oder einzig und allein dem Gebet. Dann geh zu Bruder Silvester, und sag ihm das gleiche.«

Das war jener Herr Silvester, der, als er noch in der Welt gewesen war, ein großes goldenes Kreuz aus dem Mund des heiligen Franziskus hatte hervorkommen sehen, ein Kreuz, dessen Längsbalken in den Himmel ragten und dessen Querbalken die äußersten Enden des Weltalls erreichten. Dieser Bruder war seinem Wesen nach ein beschaulicher Mensch, voll Hingabe und Heiligkeit. Deshalb wurde ihm alles erfüllt, was er erbat, wenn er nur inständig genug mit Gott sprach.

Bruder Masseo überbrachte die Botschaft zuerst der heiligen Klara, wie es ihm aufgetragen worden war, dann auch dem Bruder Silvester. Dieser ging sofort zum Gebet, in dem er auch bald Antwort erhielt. Er wandte sich Bruder Masseo zu und sagte: »Das sagt Gott, und sag es dem Bruder Franziskus: Gott hat ihn nicht in diese Lebensform berufen, damit er für sich allein lebt, sondern daß er wirke für das Heil der Seelen. Und viele werden durch ihn gerettet werden.« Nachdem Bruder Masseo diese Antwort gehört hatte, ging er zur heiligen Klara zurück, um auch von ihr eine Antwort zu bekommen. Sie und ihre Gefährtinnen hatten die gleiche Antwort gehört, die Bruder Silvester erhalten hatte. Mit dieser Antwort ging Bruder Masseo zum heiligen Franziskus zurück. Dieser empfing ihn mit großer Herzlichkeit. Er wusch ihm die Füße und reichte ihm etwas zu essen. Nach dem Essen rief ihn der heilige Franziskus in den Wald. Dort kniete er vor ihm nieder, legte die Kapuze ab und kreuzte die Arme auf der Brust und fragte: »Was befiehlt unser Herr Jesus Christus, was ich tun soll?«

Bruder Masseo antwortete, was Christus zu

Bruder Silvester gesagt hatte und ebenso auch zu Schwester Klara und ihren Gefährtinnen. Der Wille Jesu Christi sei, daß »du durch die Welt ziehst und predigst, daß er dich nicht für dich allein erwählt hat, sondern auch für das Heil vieler«. Franziskus hatte nun seine Antwort und kannte so den Willen Jesu Christi. So erhob er sich und sagte: »Im Namen Gottes, laßt uns gehen!«

FIORETTI 16

Im allgemeinen weist man der Frau eine rein passive Rolle zu: Der Mann ist der Bestimmende, Weisende, Führende. Daß es aber auch umgekehrt sein kann, vielleicht sogar sein muß, zeigt eine Geschichte, die sich zwischen Franziskus und Klara abspielte.

> *Der heilige Franziskus war ein demütiger Diener Jesu Christi. Kurze Zeit nach seiner Bekehrung – er hatte schon einige Gefährten empfangen und sie zu einem Orden geeinigt – überfielen ihn schwere Gedanken und große Zweifel über das, was er eigentlich tun solle.*

Franziskus wird in dieser Geschichte vorgestellt als Diener Christi.

Schon dies ist bezeichnend. Denn es ist in der Kirche üblich geworden, das Dienen der Frau zuzuordnen, während der Mann eher der Herr, der Führer, der Befehlende ist. Hier aber bewegen wir uns noch auf einer biblischen Ebene, auf der alle, Mann und Frau, gleichermaßen durch das Dienen definiert sind. Christus allein ist der Herr!

Eine Eigenschaft solchen Dienens ist die Demut, eine Selbsteinschätzung, welche sich nicht absolut, endgültig, abgeschlossen, selbstbestimmend zeigt, sondern offen für Entwicklungen, der Weisung und Lenkung bedürftig. Franziskus weiß nicht, wie es weitergehen soll. Schwere Zweifel befallen ihn: Ist er auf dem richtigen Weg? Wohin geht es überhaupt? Die Grundfrage, die ihn verfolgt, lautet: Ist er zum ausschließlichen Gebet vor Gott berufen? Oder darüber hinaus auch zur Predigt? Gott oder Mensch? Kontemplation oder Aktion? Zurückgezogenheit oder Zuwendung zur Welt?

> *Zu dieser Frage hätte er gerne den Willen Gottes gewußt. Doch seine große Demut ließ es nicht zu, viel von sich oder dem eigenen Gebet zu halten. Darum wollte er den Willen Gottes mit Hilfe anderer erfahren.*

Nochmals: Franziskus hat nicht alle Lösungen in sich selbst, er weiß nicht auf alle Fragen Antwort. Er will vielmehr offen sein für Gott.

Gott ist der Maßgebende, Gott allein soll sein Leben bestimmen! Doch wie kann man den Willen Gottes erfahren? Durch andere, sagt Franziskus. Nicht aus dem heiteren Himmel, nicht allein

aus der Tiefe der Seele, sondern durch die soziale Einbettung, durch das Gespräch, die Kritik.

In einem solchen Verhalten greifen wir wieder einmal die Religion der Menschwerdung: Gott ist Wort, und das Wort ist Fleisch geworden, menschliche Geschichte, also ist er durch den Menschen, durch das menschliche Wort, im Gespräch, erfahrbar.

> *So ließ er Bruder Masseo rufen. Er sagte zu ihm: »Mein lieber Sohn, geh zu Schwester Klara. Sag ihr in meinem Namen, sie und einige ihrer geisterfülltesten Gefährtinnen mögen Gott bitten, daß es ihm gefalle, mir zu zeigen, ob ich mich der Predigt widmen soll oder einzig und allein dem Gebet. Dann geh zu Bruder Silvester, und sag ihm das gleiche.«*

Diese menschliche Gestalt des Willens Gottes hat konkrete Namen: Masseo, Silvester, Klara und ihre Schwestern. Dies ist der »kirchliche«, geschichtliche Raum, in dem Gott hörbar wird.

Freilich, auch diese haben das Wort, das sie dem Franziskus sagen sollen, nicht aus sich selbst, sondern nur so, wie es auch Maria empfangen hat: durch Gebet, kontemplative Erfahrung, Stille, schweigende Offenheit auf Gott hin.

Masseo hat dabei die Rolle eines Vermittlers, auch er ist wichtig. Das Eigentliche aber haben Silvester zu sagen, der wahrscheinlich der erste Klosterkaplan in San Damiano war, und eben Klara.

Silvester ist hier deswegen wichtig, weil er, modern gesagt, ein Vertreter der »politischen Mystik« ist. In einer Vision sah er einmal Franziskus zusammen mit einem Kreuz, »dessen Längsbalken in den Himmel ragte und dessen Querbalken die äußersten Enden des Weltalls erreichten«. Silvester steht also da für die »politische Dimension«, für den universalen Anspruch des Kreuzes.

Klara ihrerseits steht da für die ausschließlich »kontemplative Dimension« des Glaubens, für die Zurückgezogenheit, für die Tiefe der Gottesverwurzelung.

So werden beide Dimensionen ins Spiel gebracht, für beides soll ein Anwalt da sein. Wenn beide zu einer übereinstimmenden Meinung kommen, wird Franziskus darin den Willen Gottes erkennen.

> *Bruder Silvester ging sofort zum Gebet, in dem er auch bald Antwort erhielt. Er wandte sich Bruder Masseo zu und sagte: »Das sagt Gott, und sag es dem Bruder Franziskus: Gott hat ihn nicht in diese Lebensform berufen, damit er für sich allein lebt, sondern daß er wirke für das Heil der Seelen. Und viele werden durch ihn gerettet werden.« Auch Klara und ihre Gefährtinnen hatten die gleiche Antwort gehört, die Bruder Silvester erhalten hatte.*

Tatsächlich kommen sowohl Silvester als auch Klara zum gleichen Ergebnis. Franziskus soll nicht nur für sich allein leben, sondern sich für das Heil aller einsetzen. Er hat das Zeug zum Wanderprediger, zum faszinierenden Sänger der Liebe Gottes. Er darf sich nicht zurückziehen, darf sein Licht nicht unter den Scheffel stellen, sondern muß sich zur Geltung bringen.

Daß Silvester für Franziskus zum Gesprächspartner wird, ist nicht verwunderlich: Er ist Priester! Daß aber auch Klara zur Seelenführerin wird, ist für mittelalterliche Begriffe erstaunlich.

Erstaunlich ist aber auch etwas anderes: Klara versteht sich nicht als isolierte Person, sondern immer als Frau, die eingebettet ist in die Schwesternschaft. Wenn man ihre Schriften liest, ist das einer ihrer wesentlichen Grundzüge: Nie entscheidet sie allein, immer befragt sie alle; und nur wenn alle zustimmen, handelt sie. So auch in dieser Frage nach dem Willen Gottes für Franziskus. Gemeinsam bitten sie Gott um eine Antwort, gemeinsam geben sie sie.

> *Mit dieser Antwort ging Bruder Masseo zum heiligen Franziskus zurück. Dieser empfing ihn mit großer Herzlichkeit. Er wusch ihm die Füße und reichte ihm etwas zu essen. Nach dem Essen rief ihn der heilige Franziskus in den Wald. Dort kniete er nieder, legte die Kapuze ab und kreuzte die Arme auf der Brust und fragte: »Was befiehlt unser Herr Jesus Christus, was ich tun soll?«*

Nochmals ist auf den menschlichen Kontext zu verweisen, in dem Gottes Wille greifbar wird. Achten wir doch, wie sehr Franziskus die Rückkehr Masseos mit menschlichen und religiösen Gesten umgibt: Herzlichkeit, Füße waschen, Kapuze abnehmen, gekreuzte Arme . . .! Da gibt es kein Hasten und Eilen, sondern geduldiges Empfangen. Da gibt es menschliche Wärme, echte Begegnung, und erst dann, eingebettet ins Menschliche, das Göttliche.

Als Bruder Masseo die Antwort Silvesters und Klaras formuliert hat, setzt sie Franziskus gleich auch in die Tat um. »So erhob er sich und sagte: Im Namen Gottes, laßt uns gehen!«

Feuer und Flamme!

Wenn der heilige Franziskus in Assisi war, besuchte er oft die heilige Klara, um ihr heilige Mahnungen zu geben. Oft hatte sie großes Verlangen, mit ihm zu speisen, und oft sagte sie es ihm. Doch er sagte nie ja und verweigerte ihr solchen Trost.

Die Gefährten des Heiligen sahen das Verlangen der heiligen Klara und sagten: »Vater, uns scheint, diese Strenge widerspreche der göttlichen Liebe. Da ist eine so heilige, von Gott sichtlich geliebte Schwester, und du willst sie nicht einmal in einer so kleinen Sache erhören, wie es ein Essen mit dir ist. Bedenk doch: Auf deine Predigten hin hat sie dem Reichtum der Welt entsagt. Es ist doch so: Selbst wenn sie dich um eine viel größere Gunst bäte, müßtest du sie zufriedenstellen, da sie doch deine erste geistliche Pflanze ist.«

Da sagte der heilige Franziskus: »Meint ihr wirklich, daß ich sie erhören sollte?«

Sie antworteten: »Ja, Vater, uns scheint es so. Sie verdient es, daß du ihr diesen Trost gibst.«

Da sagte der heilige Franziskus: »Wenn es euch gut scheint, bin ich froh. Ich will, daß sie zum Essen nach Santa Maria degli Angeli kommt. Denn für eine lange Zeit war sie jetzt in San Damiano eingeschlossen. Sie wird sich freuen, den Ort der heiligen Maria wieder zu sehen, wo ihr die Haare abgeschnitten wurden und sie Braut Jesu Christi wurde. Dort wollen wir zusammen essen.«

Der festgesetzte Tag kam. Im Namen des Herrn verließ die heilige Klara zusammen mit einer Gefährtin und begleitet von Brüdern des heiligen Franziskus das Kloster. Sie ging nach Santa Maria degli Angeli und begrüßte die Jungfrau Maria ehrfürchtig vor ihrem Altar, dort, wo ihre Haare abgeschnitten worden waren und sie den Schleier bekommen hatte. Dann zeigte man ihr den Ort, bis es Zeit zum Essen wurde. Unterdessen ließ Franziskus auf dem bloßen Boden den Tisch decken, wie es auch sonst Brauch bei ihnen war.

Die Zeit zum Essen kam: Franziskus und Klara setzten sich nebeneinander, ebenso der Gefährte des heiligen Franz und die Gefährtin der heiligen Klara. Auch die anderen Gefährten setzten sich, um demütig am Mahl teilzunehmen.

Beim ersten Gang begann der heilige Franziskus so fein und tief und wunderbar von Gott zu sprechen, daß sie plötzlich zur Schau Gottes entrissen wurden. Denn die Fülle der göttlichen Gnade hatte sich auf sie niedergelassen. So saßen sie da, die Hände und Augen zum Himmel erhoben. Die Menschen von Assisi und Bettona sahen, daß Santa Maria degli Angeli und der ganze Ort lichterloh brannten. Die Kirche, der Ort und der ganze Wald waren eingetaucht in ein einziges Feuer.

Darum liefen die Bewohner von Assisi in großer Eile hin, um das Feuer zu löschen. Denn sie waren überzeugt, daß alles brannte. Als sie jedoch an den Ort kamen, fanden sie kein Feuer. Sie gingen in den Ort und fanden Franziskus mit der heiligen Klara und die ganze Gemeinschaft in tiefster Kontemplation zu Gott entrissen, immer noch um den demütigen Tisch sitzend. Mit Gewißheit erkannten sie, daß es ein göttliches, nicht ein materielles Feuer war. Gott selbst hatte es wunderbar entzündet. Denn das Feuer sollte jenes Feuer der göttlichen Liebe offenbaren, zeigen und bedeuten, das die Seelen so heiliger Brüder und Schwestern entbrannt hatte. Mit großem Trost und heiliger Kraft gingen sie in ihre Häuser zurück.

Nach langer Zeit erst kamen der heilige Franziskus und die heilige Klara und die anderen wieder zu sich. Sie fühlten sich von der geistlichen Speise so sehr gestärkt, daß sie sich nicht mehr um die leibliche Speise kümmerten.

Fioretti 15

Der Mensch ist Sehnsucht! Es zieht ihn zum anderen Menschen: Freund zu Freund, Mann zu Frau und Frau zu Mann. Das Verlangen ist unstillbar, solange der Mensch lebt.

Oft hatte Klara großes Verlangen, mit Franziskus zu speisen, und oft sagte sie es ihm. Doch er sagte nie ja und verweigerte ihr solchen Trost.

Auch Klara ist Verlangen und sagt es. Diese Sehnsucht nach dem anderen ist auch in Franziskus, doch er ist ein Meister des Verdrängens: Er sagt es nicht, und er verweigert sich!

Was ist es nur, was zu diesem unmenschlichen Verdrängen und Verfehlen der Beziehung führt? Wenn wir genau hinschauen, entdecken wir bei Franziskus eine »Krankheit«, die den Namen »Dualismus« trägt: Die Frau ist eine Versuchung, sie ist Eva, die Verführerin, wer mit ihr in Berührung kommt, muß sündigen, wird vom Bösen erfaßt; darum ja keine Beziehung, ja keinen Kontakt! Der Mann muß rein und gut bleiben!

Welch ein Mißverständnis der Schöpfung! Welch eine Verachtung Gottes, der Mann und Frau, Seele und Leib, alles, was ist, geschaffen hat! Doch noch mehr: Die berühmte »Geschichte von der Rippe« will ja eigentlich nichts anderes sein als eine Erklärung für dieses unbeschreibliche Verlangen in uns Menschen: Ohne Eva hat Adam ein großes Loch, eine Leere im Leben, ist er ohne Halt, kein Mensch; und ohne Adam ist Eva nur ein Stück, Fragment, kein Mensch. »Es ist nicht gut, daß der Mensch allein sei.«

Einzig das Du macht den Menschen zum Menschen, nur die gepflegte Beziehung, das Hin- und Herfließen vom Ich zum Du, vom Du zum Ich bringt das erfüllte Leben.

Wer sich dem Verlangen verweigert, verweigert sich dem Leben, der Wahrheit seines Seins!

Die Gefährten des Heiligen sahen das Verlangen der heiligen Klara und sagten: »Vater, uns scheint, diese Strenge widerspreche der göttlichen Liebe.«

Gott sei Dank! Franziskus ist nicht endgültig festgelegt. Er läßt sich von seinen Brüdern überzeugen, daß die Verweigerung falsch wäre. Falsch an und für sich, weil die Verweigerung eine verpaßte Chance der Menschwerdung ist! Eine nicht ergriffene Möglichkeit, sich in einer konkreten Beziehung, ja in der Freundschaft zu entfalten! Falsch aber auch im Blick auf Klara! Denn Franziskus hatte ja mit der Beziehung selbst angefangen; er hat sie dazu gebracht, die gleiche Lebensform wie er zu wählen; eine Beziehung beginnen und dann nicht weiter ausgestalten, ist Unrecht! Verantwortungslosigkeit!

So lädt Franziskus Klara zu einem Essen nach Santa Maria degli Angeli ein.

Wie sie dann da ist, setzen sie sich, zusammen mit anderen Brüdern und Schwestern, auf den Boden; auch der Tisch ist der ebene Boden. So nebenher wird auf die Armut hingewiesen, welche Franziskus gewählt hat. Aber vielleicht dürfen wir auch hier ein wenig weiterdenken: Sehr oft ist etwas dazwischen: eine Zeitung, ein Buch, ein Telephon, eine Beschäftigung, das Fernsehen . . . Begegnung, das Fließen des Lebens ist einzig und allein auf das offene Herz und das offene Gesicht angewiesen!

> *Beim ersten Gang begann der heilige Franziskus so fein und tief und wunderbar von Gott zu sprechen, daß sie plötzlich zur Schau Gottes entrissen wurden. Denn die Fülle der göttlichen Gnade hatte sich auf sie niedergelassen.*

Nun wird deutlich, welche Chance in der menschlichen Beziehung liegt: Gott selbst! Natürlich muß man nicht unbedingt von Gott reden, um dies erleben zu können. Es genügt, wenn beide sich auf den je anderen hin loslassen – und dann entsteht eine Brücke, die trägt, ein Vertrauen, das birgt, eine Freundschaft, die hält, eine Liebe, die Gott selbst ist. Gott ist eben nicht im bloßen Wort zu erfahren, sondern im leibhaftigen Wort: in der offenen Beziehung. Wo zwei beisammen sind, in einem wirklichen Ineinander, ist Gott immer da. Dies unabhängig davon, ob man von ihm oder über ihn spricht.

Aber es kann natürlich auch einmal vorkommen, daß man spricht. Franziskus tut es in unserer Geschichte. Es könnte auch Klara sein, wie andere Geschichten wissen: Einmal ist Franziskus noch wochenlang davon ent-zückt und feurig ergriffen, ein anderes Mal ist es Kardinal Hugolin, wie ein Brief aus seiner Hand zeigt.

Auf jeden Fall: Gott senkt sich nun ausdrücklich in die Freundschaft von Klara und Franziskus. Sie erfahren ihre Mitte, ihre gemeinsame

Ausrichtung. Und so sitzen sie da, vergessen den gedeckten Boden, Brot und Wein, die Hände und Augen zum Himmel erhoben.

Die Menschen von Assisi und Bettona sahen, daß Santa Maria degli Angeli und der ganze Ort lichterloh brannten. Die Kirche, der Ort und der ganze Wald waren eingetaucht in ein einziges Feuer.

Daß zwei Menschen füreinander Feuer und Flamme sind, ist ein Gemeinplatz. Hier wird diese Redeweise zum Mittel dramatischen Erzählens. Was sich innerlich ereignet, wird nach außen gewendet, ins Bild gesetzt, auf die Bühne gestellt. Dies ist eben die Wahrheit der Legende: nicht daß da wirklich die ganze Gegend in Flammen steht, sondern daß zwei Herzen ins Feuer der Liebe eingetaucht sind. Die Freundschaft ist ein brennender Dornbusch, aus dem heraus die Stimme Gottes tönt: Ich bin da!

Auch daß die versammelten Feuerwehren von Bettona, Assisi und der ganzen Grafschaft Spoleto herbeieilen, um dieses Feuer zu löschen, gehört zu dieser dramatischen Ausgestaltung des inneren Erlebens.

Nach langer Zeit erst kamen der heilige Franziskus und die heilige Klara und die anderen wieder zu sich. Sie fühlten sich von der geistigen Speise so sehr gestärkt, daß sie sich nicht mehr um die leibliche Speise kümmerten.

Das innere Erleben ist also andauernd, die gemeinsame Schau hält lange an!

Die Geschichte geht sogar so weit, zu sagen, daß Gottes Gegenwart die eigentliche Nahrung des Menschen ist. Tatsächlich gibt es aus der Geschichte viele Beispiele, die zeigen, daß dies wirklich auch so sein kann: Bruder Klaus hat über zwanzig Jahre nichts anderes gegessen als die heilige Hostie! Viele Frauen haben jahrelang aus dieser Tiefe Gottes heraus gelebt.

Und doch wird man nicht so ganz froh. Denn es könnte sein, daß die Geschichte gerade dieses Ziel hat: zu zeigen, daß es ja des gemeinsamen Essens und darum auch des Zusammenkommens gar nicht bedarf, um miteinander in Freundschaft verbunden zu sein.

Wirklich?

Der Ort, an dem Gott erfahren wird

Bruder Leonhard erzählt, daß der heilige Franziskus einmal in Portiunkula zu Bruder Angelus sagte: »Kommt mit, wir wollen die Schwester Klara (in San Damiano: A. R.) besuchen!« Und dieser antwortete: »Ja, wir wollen gehen!« Als sich dort dann das Gespräch bis zur Essenszeit ausdehnte, blieb Franziskus zum Essen, und mit ihm waren auch einige Brüder am Tisch. Als er aber vier Bissen Brot gegessen hatte, richtete er sein Gesicht nach oben und blieb so während einiger Zeit unbeweglich sitzen. Als er wieder zu sich kam, rief er mit lauter Stimme: »Gelobt sei Gott!« Und er stand vom Tisch auf und warf sich zur Erde und war nochmal entrückt. Bruder Angelus verließ ihn jedoch nicht, sondern wartete die ganze Zeit bei ihm. Das dauerte so lange, daß einer ruhig nach Santa Maria degli Angeli hin- und zurückgehen konnte, eine Strecke von ungefähr drei Meilen. Und darnach ging es noch acht Tage, daß er dem kirchlichen Stundengebet nicht folgen konnte, so sehr war er von einer andauernden Freude und von Lob erfüllt, daß er immer nur sagen konnte: »Gelobt sei Gott!«

Florentiner Handschrift

Gewöhnlich ist es Klara, die ihrer Sehnsucht durch eine Begegnung Ausdruck geben will, und Franziskus ist eher zurückhaltend. Doch wenigstens für einmal geht die Initiative von Franziskus aus. Auch er sucht das Gespräch, den Rat, die Begegnung.

Als sich das Gespräch bis zur Essenszeit ausdehnte . . .

Offenbar bleibt es nicht nur bei einem kurzen Wortwechsel. Die Begegnung dauert an, länger als gewohnt und länger, als die Brüder offenbar erwarten. Erst die Essenszeit ist das Signal für den Abschied.

Es ist schon bedeutsam, wenn von diesem Gespräch nichts festgehalten wird als die zeitliche Dauer. Endlich kommt die Liebe zu ihrem Recht, endlich hat die Zeit die Qualität der Ewigkeit! Der Freundschaft ihre Zeit gönnen, sich Zeit nehmen, sich Zeit lassen! Freundschaft, die nicht so eingebunden ist in die Zeit, zerbricht, bevor sie zustande kommt.

Was der Inhalt des Gesprächs war bzw. wie die Zeit gefüllt war, berichtet die Florentiner Handschrift nicht. Wir können nicht einmal sagen, ob überhaupt viel gesprochen wurde. Denn es gibt ja eine andere wunderbare Geschichte dieser Freundschaft – ich habe sie eben erzählt –, in der das Zusammensein ein einziges gemeinsames Hingerissensein in die Liebe Gottes hinein war. Und eine andere tiefe Geschichte erzählt die Begegnung des Königs Ludwig von

Frankreich mit Bruder Aegidius in Perugia: Kein einziges Wort hätten sie zueinander gesagt in der Zeit, als sie beisammen waren – und hätten einander alles gesagt in einer einzigen Umarmung und einander erkannt und verstanden in der Zugewandtheit der Herzen. Und schließlich kennen wir einen Brief des Kardinals Hugolin aus dem Jahre 1220, in dem die Eucharistie das Gesprächsthema war. Dies alles ist möglich: stummes Entrücktsein in Gott, eine Umarmung, die keine Worte braucht, ein Thema, das für beide wesentlich ist.

> *. . . Als er aber vier Bissen Brot gegessen hatte, richtete er sein Gesicht nach oben und blieb so während einiger Zeit unbeweglich sitzen . . .*

Die Wirkung allerdings, die von der Begegnung ausgeht, ist anhaltend. Kardinal Hugolin erzählt noch nach Wochen von dieser Begegnung, und die Art und Weise, wie er es tut, trägt deutliche Zeichen eines Verlustes, eines Abschiedstraumas, eines Schmerzes, der nur mit dem zu vergleichen ist, der nach dem Sterben eines lieben Menschen eintritt. Hugolin braucht sogar nahezu gotteslästerliche Vergleiche: So wie es den Jüngern nach dem Tod Jesu ergangen ist, so ist ihm zumute; so wie Jesus seinem himmlischen Vater seinen Geist übergab, so will Hugolin sein Leben Klara übergeben.

Ähnlich nun bei Franziskus: Die Gegenwart Klaras ist stärker als die Trennung: Der fünfte

Bissen Brot bleibt im Mund stecken, die Erinnerung ist Nahrung, und so sitzt er denn unbeweglich da, entrückt, aus Zeit und Raum enthoben, für die Brüder ganz und gar abwesend, die mit ihm am Tisch sitzen. Und dann steht er plötzlich auf, bricht in einen Lobspruch auf Gott aus und wirft sich anbetend zu Boden! Ja, diese Begegnung war Begegnung mit Gott, die Freundschaft ist der brennende Dornbusch, vor dem man sich anbetend niederwerfen muß. Und dann geht es nochmals stundenlang so! Franziskus vergißt alles, nur nicht dieses brennende Feuer der Liebe Gottes, das ihm in Klara begegnet ist. Bruder Angelus harrt etwa zwei Stunden bei Franziskus aus, die Zeit, die man braucht, um von San Damiano nach Portiunkula und wieder zurück zu wandern. Doch noch nicht genug:

> *Und darnach ging es noch acht Tage, daß er dem kirchlichen Stundengebet nicht folgen konnte, so sehr war er von einer andauernden Freude und von Lob erfüllt, daß er immer nur sagen konnte: »Gelobt sei Gott!«*

Die Entrückung dauert also noch eine Woche. Er vermag dem äußeren Ablauf der Liturgie nicht zu folgen. Doch in diesem Fall ist es nicht Zerstreuung, sondern genau das Gegenteil davon. Äußerste Sammlung ist es vor dem Gott, der Beziehung ist und in der Freundschaft mit Klara sein Sakrament hat. Was braucht es da noch Worte, Riten, Gesten, Gebärden! Er ist bei Gott, bis in seine tiefste Tiefe hinein von Anbetung und Lob, von Freude und Leben erfüllt! Und dies ist das Kennzeichen der echten Liebe, der wahren Freundschaft: Sie ist keine Konkurrenz zu Gott, sondern der Ort, an dem sich Gott zur Erfahrung bringt.

Das Gesicht im Brunnen

Eines Tages hatten sich Bruder Franz und Bruder Leo zusammen nach Siena begeben; aber sie wurden dort von den Leuten ziemlich unfreundlich aufgenommen, und der Heilige war deshalb nicht wenig betrübt. Den Weg entlang, während es dunkelte, dachte er an das süße Assisi, wo er seine geistlichen Söhne und Klara, die Tochter seines Herzens, zurückgelassen hatte. Er wußte, daß die fromme Jungfrau um ihrer Liebe zur Armut willen großen Widrigkeiten ausgesetzt war, und er war zur Zeit nicht ohne Sorge, seine geliebte Tochter möchte an Leib und Seele krank werden und könnte sich, in San Damiano auf sich selber angewiesen, von ihren heiligen Vorsätzen abdrängen lassen.

Dieser Zweifel bedrückte ihn in einem Maße, daß er an der Stelle, wo die Straße in das Hügelland einbiegt, das Gefühl hatte, seine Füße würden ihm jeden Augenblick in die Erde versinken. Er schleppte sich zu einem Brunnen, an dem das frische Wasser sprudelte und im Trog eine klare Fläche bildete, auf die der Strahl vom Brunnenrohr niederfiel. Lange stand der Mann Gottes über den Brunnen geneigt. Dann hob er auf einmal den Kopf und sagte freudig zu Bruder Leo: »Bruder Leo, Lämmlein Gottes, was glaubst du, habe ich im Brunnenwasser gesehen?« – »Den Mond, Vater, der sich darin spiegelt«, erwiderte der Bruder.

»Nein, Bruder Leo; nicht unsere Schwester Mond habe ich im Brunnenwasser gesehen, sondern durch die anbetungswürdige Gnade des Herrn sah ich darin das wirkliche Antlitz unserer Schwester Klara, und es war so rein und strahlend von heiliger Freude, daß mir alle meine Zweifel auf einmal verflogen sind, und ich habe die Gewißheit erhalten, daß unsere Schwester in dieser Stunde jene tiefe Freude genießt, die Gott seinen Lieblingen gewährt, indem er sie mit den Schätzen der Armut überhäuft.«

VOLKSLEGENDE, A. FORTINI, ÜBERSETZUNG O. KARRER

Von jeher ist der Brunnen ein starkes Symbol: das Wasser, das lebendig macht; das Wasser, das ganz unten in der Tiefe der Erde geborgen liegt; das Wasser, nach dem man mit Schweiß und Mühe graben muß und das man schließlich findet und faßt. Und jetzt ist es zugänglich zur Erfrischung und zur Freude der Menschen.

Und nun verbindet sich diese Urerfahrung des Brunnens mit Klara von Assisi.

Bruder Franz und Bruder Leo wurden in Siena von den Leuten ziemlich unfreund-

lich aufgenommen, und der Heilige war deshalb nicht wenig betrübt.

Die persönliche Situation der beiden Brüder ist also nicht sehr angenehm. Die Zeit, in der Franziskus mit Hurra empfangen wird und die Leute ihm scharenweise entgegeneilen, um ihn zu begrüßen, ist noch weit entfernt. Alles ist unfreundlich, kalt, trocken: Unverständnis, Kopfschütteln, Ablehnung, Widerstand schlägt ihm allenthalben entgegen.

Franziskus reagiert ganz normal wie alle anderen Menschen auch: Er ist traurig, niedergeschlagen, betrübt, vielleicht so sehr, daß er an sich selbst zweifelt. Wir brauchen ein gutes Echo, Streicheleinheiten, Anerkennung, wohlwollende Menschen.

Während es dunkelte, dachte er an das süße Assisi, wo er seine geistlichen Söhne und Klara, die Tochter seines Herzens, zurückgelassen hatte.

Um der Gefahr der seelischen Umnachtung zu entgehen, flieht Franziskus in die inneren Welten. Dies ist eine Möglichkeit, die wir im allgemeinen viel zu wenig nutzen!

Aus der Er-Innerung kommen Leben und Kraft: Orte, die Heimat waren, Menschen, die einem freundschaftlich verbunden sind, gute Erfahrungen, die man gemacht hat, können ebenso die Gegenwart bestimmen wie aktuelle Ereignisse und böse Begegnungen. Warum sollen sie nicht ins Bewußtsein zurückgeholt werden, um nicht in bodenlose Trübsal zu versinken!

So stellt sich Franziskus Assisi vor Augen, und seine Brüder, und vor allem Klara.

> *Franziskus wußte, daß die fromme Jungfrau um ihrer Liebe zur Armut willen großen Widrigkeiten ausgesetzt war.*

Allerdings ist nun diese Erinnerung alles andere als frei von Sorgen. Man muß sogar sagen, daß Sorge das vorherrschende Gefühl ist, das Franziskus erfüllt.

Man muß bedenken, daß Klara in absoluter Besitzlosigkeit lebt. Da ist nicht jeden Tag etwas auf dem Tisch, und die Schwestern müssen sehen, wie sie tagtäglich ihre Grundbedürfnisse stillen können: Nahrung, Kleidung, Behausung . . .

Klara könnte »an Leib und Seele krank werden«, denkt Franziskus. Daß diese Sorge nicht unbegründet ist, zeigt die Biographie der Heiligen. Schon 1214 glauben die Schwestern, Klara müsse Hungers sterben. Und 1224 wird Klara so schwer krank, daß sie glaubt, noch vor Franziskus sterben zu müssen. Und von da an bleibt sie nahezu ständig ans Bett gebunden bis 1253, dem Jahr ihres Todes.

Daß in einer solchen Situation eine andere Gefahr droht, ist verständlich: Die Vertreter der Kirche, denkt Franziskus, könnten Klara »von ihren heiligen Vorsätzen abdrängen«. Auch diese Sorge ist nicht unbegründet. Hugolin von

Ostia, zuerst als verantwortlicher Kardinal und später als Papst Gregor IX., versucht immer wieder, Klara Besitz aufzuzwingen. Auch sein Nachfolger Innozenz IV. tut dasselbe. Ihre Standhaftigkeit und Widerstandskraft bleiben unbeirrbar. Da macht sich Franziskus zu viel Sorgen.

> *Dieser Zweifel bedrückt ihn in einem Maße, daß er an der Stelle, wo die Straße in das Hügelland einbiegt, das Gefühl hatte, seine Füße würden ihm jeden Augenblick in die Erde versinken.*

Also auch von Innen keine Rettung? Es scheint so. Doch ist es nicht die Vergangenheit, die ihn bedrückt. Diese bleibt lichtvoll. Es sind vielmehr wiederum die Gegenwart und die Zukunft, die harte Realität, die Franziskus einholen. Denn je länger er an Klara denkt, um so größer werden die Sorgen und Zweifel. Wie tief muß doch die Liebe sein, daß die Sorge ein solches Ausmaß annimmt? Eindrücklich sind die Bilder, mit denen die drückende Sorge verdeutlicht wird. Das Gewicht der Sorge ist so belastend, daß er im Boden zu versinken droht. Und nun ereignet sich das Entscheidende:

> *Er schleppte sich zu einem Brunnen, an dem das frische Wasser sprudelte und im Trog eine klare Fläche bildete, auf die der Strahl vom Brunnenrohr niederfiel.*

Und nun erst zeigt sich der Trost, der von Innen kommt, nicht einfach so, sondern nach einem längeren Blick und dann mit unbändiger Kraft: Die Tiefe der Seele verbindet sich mit der Tiefe des Brunnens, das Wasser im Trog mit der klaren Gestalt Klaras, der Widerschein des Mondes mit dem leuchtend hellen Gesicht der Freundin. Ja, Klara ist für Franziskus frisches Wasser und helles Licht, nicht nur jetzt, sondern immer wieder. Aber hier verdichtet sich diese Erfahrung auf einmalige Weise zu einem Gipfelerlebnis, das ihm sagt: Alles ist gut, alles ist schön, alles ist wahr! Wozu noch weinen? Wozu noch klagen? Auch die Sorgen können zurücktreten!

Von dieser Erfahrung her kann man auch verstehen, warum Schwester Mond und die Sterne und Schwester Wasser im Sonnengesang all jene Eigenschaften haben, die Klara auszeichnen: klar geformt, kostbar und schön, hilfreich, kostbar, demütig, keusch. Doch was will man noch mehr sagen? Die Geschichte selbst ist unauslotbar:

> *»Lange stand der Mann Gottes über den Brunnen geneigt. Dann hob er auf einmal den Kopf und sagte freudig zu Bruder Leo: »Bruder Leo, Lämmlein Gottes, was glaubst du, habe ich im Brunnenwasser gesehen?« – »Den Mond, Vater, der sich darin spiegelt«, erwiderte der Bruder. »Nein, Bruder Leo, nicht unsere Schwester Mond habe ich im Brunnenwasser gesehen, sondern durch die anbetungswürdige Gnade des Herrn sah ich*

darin das wirkliche Antlitz unserer Schwester Klara, und es war so rein und strahlend vor Freude, daß mir alle Zweifel auf einmal verflogen sind, und ich habe die Gewißheit erhalten, daß unsere Schwester in dieser Stunde jene tiefe Freude genießt, die Gott seinen Lieblingen gewährt, indem er sie mit den Schätzen der Armut überhäuft«.

Klara im Garten der Schöpfung

Wie eine Blume blüht Klara von Assisi (1194 bis 1253) im Garten der Schöpfung. Kein Wunder! Ihre Mutter heißt Ortulana, Gärtnerin. Ist es nicht der Traum aller Gärtnerinnen, die schönsten Blumen zu haben weit und breit? Schon früh glüht die Liebe Gottes, die die Mutter ins Herz pflanzte, von den Wangen des Kindes. Und noch bevor Klara mit Franziskus in Berührung kommt, ist sie stadtbekannt wegen ihres religiösen Lebens und wegen ihrer Barmherzigkeit gegenüber den Armen. Dann aber wird Franz von Assisi ihr Gärtner. Er hört von ihr, wirbt um sie, macht sie zum Mitglied der neuen Gemeinschaft, die er in der Kirche gegründet hat: Arm mit Armen soll sie leben, geschwisterlich soll sie sich betten in den Garten der Schöpfung, den Frieden soll sie haben im Herzen und eine große Botschaft auf den Lippen: Gott ist die Liebe, sonst nichts! Franziskus weist auf die Spuren, welche die Liebe Gottes in seinem Leben hinterlassen hat: Wie Blumen blühen die Wunden Christi auf seinen Händen! Nichts anderes wollte er künden als diese große Liebe, die in der Hingabe Jesu am Kreuz sichtbar und erfahrbar ist. Deswegen eilt er durch die Welt: Die Kanzel auf unserem Bild sieht aus, als ob ihre vier Beine eben gerade im Garten von San Damiano zum Stillstand gekommen wären, um Klara auf die Güte Gottes hinzuweisen, bevor sie ihn zu einem anderen Ort tragen. »Seitdem«, schreibt Thomas von Celano, »hing ihre Seele an seinen heiligen Mahnungen, und was immer er vom guten Jesus in der Rede vorbrachte, das nahm sie mit glühender Seele auf« (Cel 6). Kein Wunder, daß Klara sich selbst als »kleine Pflanze« des heiligen Franz versteht, als »kleines Pflänzchen«, wie es an einer Stelle sogar heißt. Und so steht, sitzt oder kniet sie (ja was tut sie eigentlich?) also da – zusammen mit zwei Schwestern – wie eine Blume im Garten der Schöpfung, und auch die Schwestern sind Blumen. Die Schöpfung ist nichts anderes als ein Garten, und wir Geschöpfe sind Blumen, sollen es werden . . .

Auch das Kind, mit dem Klara im Garten der Schöpfung spielt, sieht aus wie eine Blume: Sein Kleidchen ist mit Blumen bestickt, und sein Gesicht ist offen wie der Kelch einer Blume. Selbstverständlich spielt Klara hier mit dem Jesuskind. Daß Klara in San Damiano tatsächlich auch mit Kindern gespielt hat, dürfte sicher sein. Denn sie hat »um der Barmherzigkeit willen« sogar Säuglinge aufgenommen, von denen einige später ihre Schwestern wurden. Diese Erfahrung mag – neben der großen Weihnachtserfahrung des heiligen Franz in Greccio – dazu beigetragen haben, daß Klara eine besondere Vorliebe für das »Kind hatte, das in Windeln in

die Krippe gelegt ist«, für das nackte und arme Kind, in dem sogar jeder Esel und jeder Ochs den Herrn der Schöpfung und den großen Gott der Liebe erblicken.

Ein einziges Mal spricht Klara in ihren Schriften von »Klausur«, und dann meint sie etwas ganz anderes als das, was man damals mit diesem Wort verband, nämlich den Leib des Menschen: Der unfaßbare Gott ist in die Fassung des menschlichen Leibes gekommen! Welche Botschaft: Gott, den die ganze Welt nicht fassen kann, wohnt in unserem Herzen! Und so ist das menschliche Herz so groß wie der Himmel selbst, in dem Gott wohnt – wenn nicht sogar größer. Und so greift Klara das Kind in der Krippe, den Mann am Kreuz, den Wanderprediger in Palästina. Sie spielt mit dem Kind im Garten der Schöpfung!

Die Schwestern, die sie umgeben, bezeugen es später beim Heiligsprechungsprozeß.

So erzählt Schwester Francesca ein Erlebnis, das sogar für dieses Bild der Sibilla von Bondorf (um 1490 in Freiburg im Breisgau) Pate gestanden haben könnte: »Einmal, am ersten Tag des Mai, sah diese Zeugin auf Klaras Schoß vor ihrer Brust ein so wunderschönes Kind, daß sie nicht imstande sei, seine Schönheit zu beschreiben. Und sie, die Zeugin, fühlte durch das Anschauen des Kindes eine unaussprechliche Lieblichkeit und Süße. Ohne zu zweifeln, glaubte sie, daß jenes Kind der Sohn Gottes gewesen sei. Auch sagt sie, daß sie damals über dem Kopf von Frau Klara zwei Flügel sah, strahlend wie die Sonne, die manchmal in die Höhe gingen und manchmal den Kopf der genannten Frau verhüllten« (P 9,4).

In der Osterwoche 1232 hat eine andere Schwester, Agnes Oportulo, die zwei Jahre zuvor formell ins Kloster San Damiano eingetreten ist, aber seit ihrer Kindheit bei den Schwestern wohnt, ein ähnliches Erlebnis: »Als eines Tages Bruder Filippo von Atri aus dem Orden der Minderbrüder predigte, sah diese Zeugin neben der heiligen Klara ein wunderschönes Kind, und es schien ihr ein Alter von ungefähr drei Jahren zu haben. Und als die Zeugin in ihrem Herzen betete, Gott möge es nicht zulassen, daß sie einer Täuschung zum Opfer fiele, bekam sie in ihrem Herzen folgende Worte zur Antwort: ›Ich bin mitten unter ihnen.‹ Durch diese Worte sollte bedeutet werden, daß dieses Kind Jesus Christus war, der inmitten der Prediger und Zuhörer ist, wenn sie so anwesend sind und zuhören, wie sie sollten . . .

– Auf die Frage, wie lange das Kind dort stehengeblieben sei, antwortete sie: Während eines großen Teils der Predigt. Und sie sagte, daß es ihr dann schien, daß ein großer Glanz um die genannte Mutter, die heilige Klara, gewesen sei, nicht einfach wie ein irdischer Glanz, sondern gleichsam wie der Glanz der Sterne. Und die Zeugin sagte, daß sie während der genannten Erscheinung eine unerklärliche Süße verspürt habe. Und danach sah sie einen anderen großen Glanz, nicht in jeder Farbe des ersten, sondern ganz rot, als ob er Feuerfunken auszusprühen schien, und er umhüllte die genannte Heilige und bedeckte ganz ihr Haupt. Und als diese Zeugin im Zweifel war, was dies sei, bekam sie eine Antwort, nicht durch eine Stimme, sondern es wurde ihr in ihrem Geiste gesagt: ›Der Heilige Geist wird auf dich herabkommen‹« (P 10,8).

Natürlich kann man jetzt zu diskutieren beginnen, was es mit diesen Erlebnissen auf sich hat. Viel besser ist jedoch, das Bild anzuschauen, die Engel singen, musizieren und beten zu hören – und mit Klara zu spielen, mit der menschgewordenen Liebe Gottes im Garten der Schöpfung.

Klara liebkost den toten Franziskus

Gleich doppelt scheint sich Sibilla von Bondorf (um 1470 in Freiburg im Breisgau) bewußt gewesen zu sein, daß den gewöhnlichen Rahmen sprengt, was sie da malt. Ein Engel fliegt in den Bildrahmen hinein, und die anderen Engel fliegen aus dem blauen Himmel zum Fenster hinein. Sie kommen eben aus der Welt, die noch keines Menschen Auge gesehen hat, aus dem Bereich des Unbeschreiblichen, für den wir kein Wort haben und kein Bild, nur die Farben des Lichtes, die Lieder der Engel und die Beschwingtheit der Liebe Gottes.

Nur Abbilder des Himmels gibt es. Eines davon war – wenigstens für Franz von Assisi – Klara im Kreise ihrer Schwestern. Sie tragen die Farben des Himmels. Für Klara ist der heilige Franz ein Abbild des Himmels. Er trägt die Zeichen der verwundeten Liebe Christi am Kreuz.

Und für beide war die Liebe, die zwischen ihnen hin und her floß, der Himmel auf Erden. Die Umarmung, der Kuß, die behutsame und zarte Berührung der Hände und Gesichter – dies alles weist auf den Himmel hin, aus dem die Engel kommen. Hatte nicht Franziskus selbst in seiner Vaterunsererklärung gesagt: Der Himmel ist dort, wo Engel und Heilige Gott selbst aufgenommen haben: das flutende Licht, die verströmende Güte, die flammende Liebe!? Von diesem Licht waren Franziskus und Klara entzündet, von dieser Güte waren sie erfüllt und von dieser Liebe entflammt. Und so verband die beiden ein Leben lang mehr, als die Erde zu fassen vermag.

Doch dieses Leben hatte seine Mühe und Not, Franziskus mußte sterben, jetzt liegt er tot in der Kirche von San Damiano – nicht so, wie es dort wirklich aussieht, sondern so, wie sich eine süddeutsche Klarissin eine Kirche vorstellt. Und sie stellt sich auch die Begegnung Klaras mit dem toten Franziskus ganz anders vor als andere Bilddarstellungen der Zeit: Klara ist nicht hinter Gittern und Franziskus davor wie in der Handschrift von Brescia (1457), sie nimmt auch nicht draußen vor der Tür, sozusagen im Vorübergehen, Abschied von ihrem Vater und Freund wie bei Giotto in der Oberkirche von Assisi. Der Augenblick, in dem alles zusammengefaßt ist: Zeit und Ewigkeit, Leben und Tod, hat einen intimen Charakter. Darum ereignet er sich drinnen, in der Kirche, im Kreis der Schwestern. Klara nimmt Franziskus in die Arme, legt ihr Gesicht an das seine, wagt einen Kuß – und auch die anderen Schwestern berühren, tasten, greifen, küssen. Nicht um festzuhalten, was zerfällt, sondern um zu kosten, was kommt – und um ein Leben lang in den Fingerspitzen und in der Tiefe des Herzens zu spüren, was dieser Mann ihnen über seinen Tod hinaus bedeutet.

Nur leise ist in diesem Bild das Weinen Klaras angedeutet, von dem Thomas von Celano berichtet. Vielleicht wird es sichtbar in der Schwester ganz unten in der Mitte, die ein Stück ihres Habits vors Gesicht hält. Und vielleicht auch in der auffallenden Blaßheit der Gesichter, die doch in den anderen Bildern der Künstlerin immer so auffallend feurig rote Wangen haben. Sonst ist sehr viel Seligkeit ausgegossen, nicht nur in das innige Gesicht des heiligen Franz.

Das Weinen muß aber in Wirklichkeit herzzerbrechend gewesen sein, ein lautes Schreien und Klagen. Der Verlust war für Klara real, spürbar, schmerzhaft. Da gab es weder einen billigen Trost noch ein schnelles Alleluja.

Der Tod ist ja immer ein Bruch, Abbruch, ein Zerschneiden eines Fadens, ein Abschneiden von einem größeren Ganzen, ist immer ein Reißen und Zerbersten, Schmerz und Not, wenigstens für die, die zurückbleiben, oft aber auch für den Sterbenden selbst. Der Tod ist in der Erfahrung des alttestamentlichen Menschen sogar ohne Hoffnung, das endgültige Ende des Lebens, ein Danach gibt es nicht. Erst spät wächst im Alten Testament der Glaube, daß Gott, wenn er denn ist, ein lebendiger Gott ist. Und wenn er lebendig ist, dann wird er auch die Toten lebendig machen. Er allein ist es, der mächtiger ist als der Tod. Und in Jesus zeigt sich gerade darin die Allmacht Gottes: daß er Jesus nicht bei den Toten läßt, sondern auferweckt – als Ersten der Schöpfung. Hoffnung ist das für alle, auch für jene, die seit Jahrmillionen tot sind!

Allerdings sind wir im Abendland – leider, möchte ich sagen! – wieder davon abgekommen. Die Griechen haben gesagt: Da gibt es im Menschen etwas, was den Tod überdauert: die Seele, die bleibt, der Leib aber zerfällt. Wo aber bleibt da der Glaube an den auferweckenden Gott, wenn die Seele, sozusagen von sich aus, ewig ist? Ich ziehe es vor, wie die Bibel zu glauben: Ich, Seele und Leib, sterbe ganz und gar, wenn ich sterbe. Aber da ist Gott, der mich hält, der mich nicht im Tode läßt, sondern mich, wiederum Seele und Leib, auferweckt zu einem ewigen Leben mit ihm. So behält der Tod seinen ganzen Schmerz, und Hoffnung erwächst erst dann, wenn wir Gott als den erkennen, der die Toten erweckt. Und so konnte Franziskus den Tod als seine geliebte Schwester begrüßen. Und der zweite Tod, die Gottferne, ist für den, der glaubt, keine Wirklichkeit, die ihn ängstigen müßte. Allerdings ist eine solche Hoffnung weder heute noch im Mittelalter selbstverständlich. Damals glaubte man, daß die Seele auch nach dem Tod noch in äußerster Gefahr ist. Zwischen Himmel und Erde gibt es ein Zwischenreich, in dem sich die Dämonen bemühen, in den Besitz auch der guten Seele zu gelangen. Deshalb betete man um ein sicheres Geleit ins Paradies, ein Gebet, das noch heute in den liturgischen Büchern steht, mit anderen Worten: um eine Schar von Engeln, welche die Seele schützend, verteidigend, bergend in den Himmel tragen. Und von solchen Engeln gibt es genug, meint unsere Künstlerin, da kann nichts Böses passieren! Sie fliegen uns zu!

Der Magnet der Liebe

Gott ist Liebe, Gott ist Beziehung. Und die Liebe ist das eigentliche Motiv für die Menschwerdung Gottes. Deswegen ist Gott immer auch in guten Beziehungen erfahrbar.

Franziskus und Klara zeigen das in ihrer tiefen Freundschaft: Gemeinsam sind sie ausgerichtet auf die Liebe Gottes und fühlen sich darin auch körperlich nahe. Einmal sind sie gemeinsam im Gebet. Ein anderes Mal werden sie während des Mahles von der Liebe Gottes so sehr fortgerissen, daß sie – so erzählt man – von einem mystischen Feuer umhüllt gewesen seien.

Miteinander
leben, beten und arbeiten
Gemeinsame Ziele haben
und am gleichen Strick ziehen
Nähe suchen
und spüren
und erfahren
daß Du, Gott
vor uns bist
in uns lebst
mit uns gehst

Wirf doch den Magnet der Liebe
in unsere Gemeinden
und in unser Volk
Wirf ihn
in die Klöster und Kirchen
in die Schulen und Werkstätten

Knüpf doch das Band der Liebe
zwischen Mann und Frau
zwischen Jung und Alt
Knüpf es
zwischen Stadt und Land
zwischen den Sprachen und Völkern

Streich doch die Farbe der Liebe
auf alle Gesichter
und über jeden Leib
Streich sie
an alle Wände
und in alle Kanäle

Könnte es auch mir gelingen?

Meditation von Elisabeth Bernet

Ferne Schwester Klara
auf der Suche nach mir
find ich ein Grab
mit Marmor und Glas
die Marmorplatten möcht ich aufreißen
das Glas zerbrechen
dir begegnen und fragen
wie fandest du zum wahren Reichtum
der geliebten und gelebten Armut
wie warfst du ab all den Ballast
der uns hindert
Gott zu finden
    und – könnt es auch mir gelingen?

Ferne Schwester Klara
auf der Suche nach mir
zeigt man mir hinter Schleiern
was übrig ist von dem
was dir vertraut und wertvoll war
die Schleier möcht ich zerreißen
dir in die Augen sehn und fragen
wie gelang die Solidarität

unter euch Frauen
wie fandet ihr heraus
aus Ehrgeiz und Konkurrenz
hin zur schwesterlichen Gemeinschaft
    und – könnt es auch mir gelingen?

Ferne Schwester Klara
auf der Suche nach mir
hör ich die alten Legenden
hinter den Bildern möcht ich ertasten
dich selbst und fragen
weshalb gelang die Freundschaft mit Franziskus
zwischen Nähe und Distanz
zwischen Traum und Wirklichkeit
wie hast du die Kälte überstanden
bis du die Rosen blühen sahst
mitten im Winter
    und – könnt es auch mir gelingen?

Hochgebet
Klara von Assisi

Der Herr sei mit euch – Erhebt die Herzen – Lasset uns danken dem Herrn, unserm Gott.

Großer Gott,
wir danken Dir
für das, was Du uns von Dir zeigst,
für Jesus Christus,
diesen großartigen Menschen, der Dein Sohn ist.
In ihm spiegelt sich
Deine unaussprechliche Liebe zu uns Menschen,
die erstaunliche Demut,
mit der Du Dich kleinmachst,
die erschütternde Armut,
mit der Du Dich mit allen Armen verbindest
Darum wollen wir einstimmen
in den Lobgesang der ganzen Schöpfung.

Heilig, heilig, heilig . . .

Heiliger Gott,
immer wieder fließt uns
aus Deinem großen Herzen
göttliches Leben zu.

Und immer wieder zeigst Du uns
Deinen Spiegel: Jesus Christus.
Darum bitten wir:
Heilige unsere Augen, damit wir ihn sehen,
heilige unsere Seele, damit wir ihn empfangen,
heilige unser Herz, damit wir ihn lieben.
Leg Deinen heiligen Geist auf Brot und Wein,
damit sie uns werden Leib und Blut
Jesu Christi, Deines geliebten Sohnes.

Denn am Abend . . .

Geheimnis des Glaubens . . .

Großer Gott,
nun sehen wir vor uns
den klaren Spiegel Deiner Liebe,
Deine Armut und Deine Demut:
Jesus Christus, Deinen Sohn.
Du hast die Schande, die man ihm antat,
verwandelt in Ehre und Ruhm,
den Tod in unverbrüchliches Leben.
Und so lebt er jetzt für uns
in Brot und Wein.

Wir bitten Dich:
Verbinde uns an diesem Tisch
– damit auch wir lieben.
Mach uns eins mit seinem Leib und Blut
– damit auch wir arm sind mit den Armen.
Erfülle uns mit seinem Heiligen Geist
– damit auch wir vom hohen Roß heruntersteigen
und einander dienen.

Mache Deine Kirche
zu einem Ort, an dem
Deine Liebe bezeugt,
Deine Armut gelebt
und Deine Demut nachvollzogen wird.
Besonders beten wir für alle,
die ein Amt haben:
für die Frauen und Männer auf allen Ebenen,
für die Bischöfe und unseren Papst.

Öffne uns für alle Menschen,
die sich sehnen nach Liebe und Freundschaft,
die rufen nach Solidarität,
die unser Dienen nötig haben.

Verbinde uns
mit allen Toten,
mit den vergangenen Generationen.
Erwecke alle in die Gegenwart
Deiner unaussprechlichen Liebe.

Nimm uns hinein
in die Lebens- und Liebesgemeinschaft
all Deinen Heiligen.
Mit Maria, der Mutter Deines Sohnes,
Franz und Klara von Assisi,
mit allen, die Deine Armut
und Deine Demut bezeugt haben,
wollen wir Dich loben
durch unseren Herrn Jesus Christus.

Durch ihn und mit ihm . . .

Gebet um Erneuerung der franziskanischen Berufung

(Kursiv gedruckte Abschnitte könnten von allen gebetet werden, während die normale Schrift für den Vorbeter, die Vorbeterin bestimmt ist)

Gott,
Du hast uns berufen,
Dich zu lieben mit ganzem Herzen
und Dich zu bezeugen in der Welt.
Wir danken Dir
für die Gemeinschaft,
in die Du uns hineingestellt hast,
für Franz und Klara von Assisi,
deren Geist wir weitertragen wollen.

Du
Gott der Liebe,
laß uns Worte der Liebe finden
und Taten, die aus der Liebe geboren sind.
Laß uns unmißverständlich und eindeutig
nur dies eine bezeugen:
Du bist Liebe – und kein Rächer!
Du bist lauter Zuwendung,
nur Gnade, nichts als Gnade!

Durchbohrte Hände und Füße,
ein offenes Herz!

Du
Gott der Armen,
laß uns Deine Liebe zu allen tragen,
die Hunger haben
nach Gerechtigkeit,
nach Brot,
nach Würde.
Laß uns Dich suchen
unter denen,
die zwischen Ochs und Esel leben,
die in Ställen und Krippen liegen,
draußen vor der Stadt,
draußen vor der Türe,
»weil in der Herberge kein Platz ist«.

Du
Gott des Friedens,
präge unsere Beziehungen
zwischen Mann und Frau,
zwischen Einheimischen und Fremden,
zwischen Mensch, Tier und Natur.
Stifte Deinen neuen Bund unter uns.
Laß uns Bruder sein und Schwester,
Mensch unter Menschen,
erfüllt von Deiner Liebe.

Zeig uns den Weg
aus der Krise.
Zünd das Licht an
in der Nacht.

Nimm uns bei der Hand,
wenn wir zu versinken drohen.
Erneuere jede Schwester, jeden Bruder,
die ganze franziskanische Gemeinschaft.
Mach sie lebendig,
hier und heute,
für Kirche und Gesellschaft.
Darum bitten wir durch Christus unseres Herrn.
Amen.

Quellen und Literatur

A. Goffin, Etudes inédites sur s. François d'Assise, Paris 1932.

Heiligsprechungsprozeß, übersetzt und herausgegeben von E. Grau, in: Audite poverelle: Klarissen 2 (1989/4).

Klara von Assisi, die neue Frau. Brief der vier Generalminister der Franziskanischen Familie an alle Klarissen, an alle klausurierten Franziskanerinnen, an diejenigen, die in aller Welt Klara und Franziskus lieben, aus Anlaß des achten Jahrhunderts der Geburt der heiligen Klara (1193–1993), Werl 1993.

Leitungsteam der Jungen Franziskanischen Gemeinschaft (JFG), Franziskus und Klara, Bilder einer Freundschaft, Schwyz o. J.

R. Manselli, Der solidarische Bruder, Freiburg i. Br. 1989.

A. Rotzetter, Klara von Assisi: Die erste franziskanische Frau, Freiburg i. Br. 1993 (hier auch weiterführende Literatur).